编委会

主　编：张志强

副主编：郑秋生　刘桂兰　黄海滨

编　委：（以姓氏笔画为序）

关杰伦　肖智飞　张诗炀　胥家富

黄诗雅　常　菁　梁嘉明　谢晓娟

广东科技企业案例精选

GUANGDONG KEJI QIYE ANLI JINGXUAN

张志强　主编

暨南大学出版社
JINAN UNIVERSITY PRESS

中国·广州

图书在版编目（CIP）数据

广东科技企业案例精选/张志强主编 . —广州：暨南大学出版社，2023. 5
ISBN 978 – 7 – 5668 – 3632 – 8

Ⅰ. ①广…　Ⅱ. ①张…　Ⅲ. ①高技术企业—企业管理—案例—广州
Ⅳ. ①F279. 244. 4

中国国家版本馆 CIP 数据核字（2023）第 046283 号

广东科技企业案例精选
GUANGDONG KEJI QIYE ANLI JINGXUAN
主　编：张志强

出 版 人：张晋升
策划编辑：晏礼庆　黄　颖
责任编辑：黄　颖
责任校对：刘舜怡　陈皓琳
责任印制：周一丹　郑玉婷

出版发行：暨南大学出版社（511443）
电　　话：总编室（8620）37332601
　　　　　营销部（8620）37332680　37332681　37332682　37332683
传　　真：（8620）37332660（办公室）　37332684（营销部）
网　　址：http：//www. jnupress. com
排　　版：广州市新晨文化发展有限公司
印　　刷：佛山市浩文彩色印刷有限公司
开　　本：787mm × 1092mm　1/16
印　　张：15. 25
字　　数：230 千
版　　次：2023 年 5 月第 1 版
印　　次：2023 年 5 月第 1 次
定　　价：68. 00 元

前 言

习近平总书记在党的二十大报告中强调，“高质量发展是全面建设社会主义现代化国家的首要任务”，“强化企业科技创新主体地位，发挥科技型骨干企业引领支撑作用”。2023年，习近平总书记视察广东时强调要加强对中小企业创新支持，培育更多具有自主知识产权和核心竞争力的创新型企业。要强化企业主体地位，推进创新链、产业链、资金链、人才链深度融合，不断提高科技成果转化和产业化水平，打造具有全球影响力的产业科技创新中心。科技领军企业是国家战略科技力量的重要组成部分。广东省历来重视科技领军企业培育，2022年全省科技创新大会提出，着力构建全过程创新生态链，锻造强有力的科技创新主力军，培育科技领军企业。2017年以来，持续开展标杆企业遴选工作，围绕企业创新投入产出规模、自主创新能力、创新成效等方面制定指标体系，由此挖掘了一批具有创新性、产业发展态势处于主导地位、成长性好的标杆企业。

本书结合各年度入围广东省创新标杆企业名单，在企业自主推荐和地市科技管理部门报送材料的基础上，以案例形式梳理总结标杆企业经营总体情况、创新驱动发展情况、市场竞争力情况三方面内容，全面展示企业创效发展的成效，以此进一步加大标杆企业宣传力度，引导全省企业学习参考借鉴标杆企业的先进发展经验，进一步发挥标杆企业的引领示范带动作用，由此培育企业创新生态链，汇聚各类创新资源，锻造一批具有生态主导力、国际竞争力的世界一流科技领军企业，为广东省建设产业创新高地、实现高水平科技自立自强提供有力支撑。

主　编

2023 年 4 月

目　录
contents

2 先进制造与自动化领域

3 新材料领域

4 生物与新医药领域

5 新能源与节能领域

6 高技术服务领域

7 资源与环境领域

8 航空航天领域

电子信息领域

“电子信息”是一个信息学词汇，它的出现与计算机技术、通信技术和高密度存储技术的迅速发展并在各个领域里得到广泛应用有着密切关系。当前电子信息产业已成为广东省第一大支柱产业，2021 年，广东规模以上电子信息制造业营业收入 4.56 万亿元，占全国营业收入的 32.3%，已连续 31 年位居全国第一①；根据高新技术企业火炬统计，广东省电子信息领域高新技术企业数量最多，在全省 6 万多家高新技术企业中，电子信息领域近 2 万家，占比 33.2%。

① 资料来源：http：//www.gd.gov.cn/gdywdt/tzdt/content/post_ 3995252.html。

案例1
广东恒泰照明科技有限公司

HTAI®
恒泰

该公司是一家专业从事户外照明产品的自主研发、生产、销售的高新技术企业。恒泰公司坚持全系列产品自主研发，并严格执行整理、整顿、清扫、清洁、修养、安全的“6S”企业管理模式。作为行业高端定制品牌，提供五万余套灯具的西安曲江整体亮化项目成功登陆2019年春晚特别节目《一年又一年》。该公司还相继完成了北京世界园艺博览亮化、成都洛带古镇夜景亮化等一批特色的文旅项目。

一、经营总体情况

该公司成立于2017年，是一家专业从事户外照明产品的自主研发、生产、销售的高新技术企业。主要有户外照明系列产品如洗墙灯、线条灯、投光灯、照树灯、瓦楞灯、点光源灯以及地埋灯等。产品广泛应用在建筑外墙、桥梁、堤岸、园林、公园和花坛等。2020年，该公司营业收入达到2 300万元，比上一年增长10%；利润比上一年增长5%以上，征收所得税增长3%。该公司荣获中国工程建设推荐产品、中国绿色环保产品、高新技术企业、ISO9001质量管理体系认证证书以及中国照明学会（CIES）团体会员单位等荣誉证书。

二、创新驱动发展情况

为了提供更专业的产品，该公司在研发、设备、人才、品牌推广等方面有较大投入。公司拥有设备齐全的LED检测实验室、专业IP防水测试实验室、大型LED产品实景展示厅、现代化无尘装备车间，引进全自动化高速贴片机和无铅电脑控制回流焊机，采用国内先进的自动老化检测设备，可以进行喷淋测试、恒温恒湿测试、紫外线测试、盐雾测试等。拥有一支一流的技术和管理团队，团队成员为资深照明技术人员，为人机结构、工业设计、微电子、照明光学等方面的专业高级工程师，专业从事照明研发工作数十年。坚持全系列产品自主研发，并严格执行整理、整顿、清扫、清洁、修养、安全的“6S”企业管理模式。公司产品先后通过CE、RoHS、ISO9001质量管理体系等国际质量体系认证，各系列产品均通过了国家灯具质量监督检验中心出具的质检报告，及获得实用新型专利、外观设计专利等证书，为优质的产品品质打下坚实的基础。

三、市场竞争力情况

该公司作为行业高端定制品牌，提供五万余套灯具的西安曲江整体亮化项目成功登陆 2019 年春晚特别节目《一年又一年》。相继完成了北京世界园艺博览亮化、成都洛带古镇夜景亮化等一批特色的文旅项目。公司销售地区分布全国各地。为了能提供优质的产品，公司跟晶元光电、茂硕电源、英飞特电子、欧司朗等合作，荣获“欧司朗战略合作伙伴”称号。

案例 2
广东世运电路科技股份有限公司

广东世运电路科技股份有限公司
OLYMPIC CIRCUIT TECHNOLOGY CO.,LTD.

该公司专业生产双面板、多高层板、HDI、软板、软硬结合板、金属基板等线路板，目前可生产 20 层以上高精密硬板、HDI 板、软硬结合板，是全球前 40 大 PCB 供应商，国际机构 N. T. Information 发布的 2020 年全球汽车用 PCB 供应商排行榜中排名第 14 位。

一、经营总体情况

该公司始建于1985年，经过近40年的发展，目前已经成为员工超过6 000人、年产能超过500万平方米、年销售额超过35亿元的大型电路板制造企业。公司集研发、生产和销售为一体，专业生产双面板、多高层板、HDI、软板、软硬结合板、金属基板等线路板，产品广泛应用到不同的领域，包括汽车、工业、消费、电脑及周边产品、通信和医疗类产品等。目前在公司的业务板块中，汽车电路板占比最高，超过40%，尤其是在新能源汽车方面，先发布局深耕，在该细分领域处于市场优势地位。2021年，该公司营业收入达37.59亿元，实现净利润2.1亿元。2017年4月，世运电路成功在上海证券交易所挂牌上市，成为江门市第一家在上交所挂牌上市的公司，募集资金约13亿元。2021年1月，该公司成功发行可转换公司债券10亿元，募集资金全部用于年产300万平方米线路板的新项目建设，在该项目达产后，公司整体产能预计将增加至700万平方米。

二、创新驱动发展情况

该公司拥有优秀的技术人才队伍，技术团队成员包括来自韩国、日本、美国及欧洲地区等海外专家。近年来，公司积极与高校进行产学研合作，与广东工业大学等高校签订框架协议，同时与广东省科学院半导体研究所建立战略合作伙伴关系，订立5年详细的高精密IC载板设计和研发、测试策略。近年来，公司研发投入逐年增大，2018年、2019年、2020年研发投入分别为7 284万元、8 613万元、13 299万元，占营业收入的比例分别为3.36%、3.53%、3.54%。截至2021年末，公司共有发明专利4项、实用新型专利40项。

为了配合快速增长的市场需求，实现高端车用线路板的“国产化”，该公司近年以汽车线路板作为核心内容，建立电动汽车高端线路板创新平台项目。创新平台将对新一代电动汽车领域的高端互联接载板重大关键技术，开展系统化、配套化和工程化研究开发工作。针对电动汽车网联化、智能化对半导体器件模块高效、高速互联的需求，项目通过三个子课题重点突破三大技术方向，分别为：耐高压大电流互联接载板研究、高频高速互联接载板研究，以及高功率密度散热互联接载板研究。该创新平台的定位是成为在广东省新一代电动汽车高端互联接载板技术领域中具有前沿性、支撑性和创新性的平台。通过吸引产业资源、引进技术人才、创新技术等创新要素集聚，实现创新要素从汇聚、积累、沉淀，到支撑广东乃至中国新一代电动汽车高端互联接载板的整体技术水平的提升。

三、市场竞争力情况

该公司从简单的单双面线路板生产发展到今天可生产 20 层以上高精密硬板、HDI 板、软硬结合板，离不开其自身对市场需求的迅速反应以及准时交付，以服务质量服务著名国际品牌，特别在汽车、家电、工业、通信等产品领域赢得了市场的认可，生产高效和高质量的产品服务全球。其中，软硬板开发已完成新工厂和设备组装并在 2020 年 4 月开始量产，对中国内地可生产软硬板技术稀有领域产生积极影响。

该公司在产业链上处于中游位置，上游客户为覆铜板、油墨等原材料供应商，下游客户主要为电子产品零配件商，终端客户为汽车、家电、工控、通信、医疗等电子产品生产商。目前公司业务以外销为主，占比接近 80%，销售地区包括欧洲、美国、中国香港、日本、韩国、东南亚等。公司终端客户主要有特斯拉、松下、三菱、博世西门子、戴森、丰田、大众等国际知名企业。

目前，该公司已发展成为我国 PCB 行业较先进企业之一，在国际国内市场均具有较强的竞争力。在知名市场调研机构 Prismark 发布的 2021 年全球前 40 大 PCB

供应商排名中，该公司排名第39位，这是公司首次跻身全球前40；在国际机构N. T. Information发布的2020年全球汽车用PCB供应商排行榜中，该公司排名第14位；根据中国印制电路协会（CPCA）公布的“第二十届（2020年）中国电子电路行业排行榜”，该公司排名第30位。

案例 3
广东岩羊照明有限公司

该公司主要生产室内外照明灯具及光源，产品主要销售到印度、巴基斯坦、阿尔及利亚、越南、巴西、阿根廷，及欧美等地区。国内外供应链为科锐、鸿利智汇、聚科、士兰微、晶丰明源、明纬等。

一、经营总体情况

该公司成立于2017年，是一家集研发、生产、加工、销售LED、驱动电源、开关电源、电子镇流器、智能化设备系列产品及配件、电器产品附件、低压电器产品、照明电器附件、电子产品、电气元器件、家用电器、五金、塑料制品等为一体的高新技术企业。主要产品以及产品的主要应用方向为：球泡灯，吸顶灯，筒灯，射灯，光源模组，风扇灯，浴霸，T5、T8支架，平板灯，轨道灯，太阳能路灯，灯带，凉霸等室内外照明灯具及光源。

二、创新驱动发展情况

该公司现有科技人员合计14人，占职工总人数的20.9%，其中大专以上学历12人，占职工总人数的17.9%。研发投入及其在营业收入中的占比约为10%。截至2019年底，公司拥有实用新型专利60项、外观专利67项。

三、市场竞争力情况

目前，该公司的主要产品为下游产品，国内外销售年增长率在15%以上，主要销售地区为印度、巴基斯坦、阿尔及利亚、越南、巴西、阿根廷，及欧美等。主要销售产品为LED球泡灯、筒灯、投光灯等。国内外供应链合作商为科锐、鸿利智汇、聚科、士兰微、晶丰明源、明纬等。

案例 4
广州红帆科技有限公司

红帆
HONGFAN

该公司具有丰富的两化融合管理体系实施经验，主营业务涵盖智慧管控、船舶数字化、智能技术、系统集成等四大板块。已经为数千家单位、十多个行业提供了一体化智慧办公管控平台方案，其中，红帆数字化造船解决方案是该公司为中国船舶企业量身打造的造船管理解决方案。

一、经营总体情况

该公司成立于1998年初，是十大军工集团之一——中国船舶集团旗下广船国际有限公司控股的高新技术企业，具有丰富的两化融合管理体系实施经验。公司总部位于广州，先后布局北京、上海、南宁、沈阳等核心城市本地化服务体系，并在全国各地设立了代理点，实现对客户服务的高效响应。目前公司主营业务涵盖智慧管控、船舶数字化、智能技术、系统集成四大板块。

该公司实施的解决方案在医疗、船舶、政务、媒体等企事业单位的实际应用中均得到良好印证。成功案例有中国船舶集团有限公司、广船国际有限公司、中国船舶工业系统工程研究院、江苏新扬子造船有限公司、中国核工业建设股份有限公司、中核（北京）传媒文化有限公司、南方电视台等国内众多知名企业单位，以及北京协和医院、中山大学附属第一医院、浙江大学医学院附属第一医院、江苏省人民医院、山东大学齐鲁医院等国内知名医疗机构。

在企业发展和服务客户过程中，该公司始终坚守“让数字化体验变得越来越简单”的企业使命，追求实现“成为行业领先的数字化解决方案提供商”的企业愿景，不断践行“客户至上，诚信团结，创新驱动，合作共赢”的企业价值观，持续推进各大业务板块协同发展，与各领域合作伙伴携手共进，以先进的技术、优质的产品、高效的实施和完善的售后服务为广大客户提供高质量的信息技术服务，获得了多项荣誉，如下表所示。

序号	奖项/资质名称	年份
1	FY03 微软金牌解决方案供应商	2002 年
2	微软金牌合作伙伴	2003—2019 年
3	广州市优秀软件产品	2007 年

（续上表）

序号	奖项/资质名称	年份
4	广州市优秀软件企业	2007 年
5	医院信息系统测评证书	2007 年
6	广州市高新技术企业	2009 年
7	“英特尔杯”移动医疗大奖赛优秀奖	2014 年
8	企业信用等级 3A	2015 年至今
9	广东省守合同重信用企业	2009—2018 年
10	广州市企业研究开发机构	2016 年
11	2017 年度中国互联网 + 医疗信息化领域最佳产品	2017 年
12	纳税信用 A 级	2017 年至今
13	广州创新软件企业	2019 年
14	广州市优秀软件产品	2019 年
15	广州市诚信示范中小企业	2020 年
16	医疗信息化羊城论坛“医信战疫之星·杰出贡献企业奖”	2020 年
17	国家鼓励的软件企业	2022 年
18	信息安全服务资质认证证书（三级）	2022 年

二、创新驱动发展情况

该公司现有员工 200 多人，技术工程师多达 100 余名，本科以上学历员工占 80% 以上。随着红帆科技的发展壮大，公司将不断吸收高素质人才，加大自主研发力度，打造国内一流的专业数字化技术研发、实施、维护和服务团队，致力成为行业主导型、专业突出型、技术创新型的综合型信息科技企业。该公司对研发工作十分重视，每年用于项目研发的经费在 1 000 万元以上。在研发项目不断增加、研发质量不断提高的情况下，研发的仪器设备也将不断增加，并将扩大研发场所，以适应企业发展的需要。2022 年公司开展 10 个研发项目，利用公司为广州市企业研究开发机构的优势条件，结合在市场 24 年积累的各方面经验，与专业的研发人员相配合，研发成果不断转化为公司自主知识产权。截至目前，该公司拥有专利 6 项，其中获得授权的专利 3 项；累计持有软件著作权 114 项。

三、市场竞争力情况

该公司深耕行业智慧管控多年，已经为数千家单位、十多个行业提供了一体化智慧办公管控平台方案。方案涵盖协同办公、行政管控、部门应用、决策辅助等信息化工具，实现资源快速共享、事务处理高效协同，为企事业单位及医疗机构管理决策层提供方便有效的事件跟踪和监督手段，实现流程规范化、信息知识化、数据集中化、管理精细化和决策科学化。同时，红帆科技与企业微信、阿里钉钉全方位合作，为行政管理人员提供便捷的移动协同工具，为企事业单位及医疗机构带来高效化办公场景，推动移动办公全面落地。

红帆数字化造船解决方案是该公司基于 20 余年大中型造船企业管理及船舶建造经验，应用最新的 AI、大数据、云计算、物联网、5G、3D 轻量化浏览等技术，为中国船舶企业量身打造的造船管理解决方案。红帆数字化造船解决方案涵盖了从设计、生产、物资采购、质量到成本整个船舶建造流程和企业综合管理流程，为船企数字化转型提供全方位、一站式的解决方案。

案例5
广州南方测绘科技股份有限公司

SOUTH 南方测绘

成就时空地理信息价值

该公司专注测绘地理信息行业，陆续实现了测距仪等一系列测绘仪器的国产化，成为中国电子测绘仪器的开创者与领导者，是中国高精度卫星导航产业的领导者，也是中国地理信息软件和数据系统的领航者。经原国家测绘地理信息局组织的专家鉴定，认定南方测绘的产品和综合技术达到世界先进水平，跻身行业世界四强。

一、经营整体情况

该公司成立于1998年，是一家集研发、制造、销售和技术服务于一体的测绘地理信息产业集团。业务范围涵盖测绘装备、卫星导航定位、无人机航测、激光雷达测量系统、精密测量系统、海洋测量系统、精密监测及精准位置服务、数据工程、地理信息软件系统及智慧城市应用等，致力于行业信息化和空间地理信息应用价值的提升。现拥有遍布全国的30家省级分公司、100余家地市级分公司、9家海外销售和服务机构，并拥有位于北京、武汉、常州和广州的世界级测绘装备研发制造基地，产品出口全球100多个国家和地区。公司专注测绘地理信息行业，陆续实现了测距仪、电子经纬仪、全站仪、GNSS等一系列测绘仪器的国产化，取得了系列测绘仪器国产化零的突破，成为中国电子测绘仪器的开创者与领导者，是中国高精度卫星导航产业的领导者，也是中国地理信息软件和数据系统的领航者。经原国家测绘地理信息局组织的专家鉴定，认定南方测绘的产品和综合技术达到世界先进水平，跻身行业世界四强。2021年，南方测绘营业收入超过20亿元，缴纳税费超过1.1亿元。目前，已获得高新技术企业、国家科学进步奖、测绘科学进步奖、地理信息科学进步奖、卫星导航定位科学技术奖等80余项科技创新类奖项，具备优秀的自主创新能力。

二、创新驱动发展情况

该公司近年来随着业务发展，研发投入持续增加，在高端国产地理信息技术/装备领域取得了一系列拥有自主知识产权的技术成果。公司率先推出中国电子经纬仪、全站仪以及测量型GPS、CASS等软件成图产品。

为持续提升企业研发创新能力，该公司建立了科技创新中心，包括南方卫星导航、南方智能和南方精测院三个企业级研究院，2020年专职研发人员就超过500

人。拥有软件著作权、专利等近 200 项自主知识产权。2019 年，南方测绘杨元喜院士工作站揭牌成立，工作站以北斗产业发展技术需求为导向，以北斗高精度应用研发为重点，促成科技成果转化。2020 年，该公司聘请中国科学院院士、中国工程院院士、摄影测量与遥感学家李德仁为集团科技顾问，向李德仁院士咨询科技发展战略、技术成果转化等。在产学研合作方面，该公司长期与武汉大学、中南大学等高校和科研院所建立合作关系。2021 年，与武汉大学测绘遥感信息工程国家重点实验室陈锐志教授团队联合，共同推动消费级智能终端室内高精度定位技术，提供高精度、高可用性的室内外融合定位服务。此外，还支持、协办了全国高等学校大学生测绘技能大赛等多项高校赛事，反哺测绘教育，与高校共同培养测绘学子创新能力。在职业教育方面，2020 年，该公司获得了教育部认证的 2 项“1 + X”职业证书发证资格，目前申报考点已有 259 个，参与完成了 5 本“1 + X”职业考试教材的编写、20 余条“1 + X”教学片的编制，超过 10 000 名学生完成了该公司参与组织的职业等级证书考试。

三、市场竞争力情况

目前，南方测绘电子经纬仪、全站仪及 RTK 产销量均位居世界前列，在高端测量仪器方面，该公司自主研发生产的测量机器人、三维激光扫描仪打破了国外厂商的垄断，降低了测绘行业使用高端测量仪器的成本；此外，南方测绘还积极拓展地理信息新业务，承接各类地理信息服务项目，2021 年合同额超过 9.7 亿元，重点包括无人机航测系统及应用、激光雷达系统及点云应用、智能空间信息平台、数据业务等。

公司主要产品及相关情况说明如下表所示。

序号	产品名称	产品相关情况
1	机器人全站仪	机器人全站仪广泛应用于高铁、地铁、大坝监测、单人测绘系统等应用场景，每年需求量近5 000台，市场体量超过10亿元，长期被徕卡、天宝、拓普康等企业占据。在我国，研发机器人全站仪对高校、科研院所来说缺乏研发动力，企业总体研发实力相对薄弱，主要难点在于光、机、电技术，而国外企业如徕卡、天宝、拓普康等有近20年的积累，技术成熟。经过不懈努力，以南方测绘为代表的国内企业终于成功推出了0.5″高精度机器人全站仪，达到国际先进水平，取得中华人民共和国计量器具型式批准证书。
2	三维激光扫描仪	三维激光扫描仪的市场需求约为每年4 000台，市场体量约为20亿元。三维激光设备组成结构复杂，涉及光学、机械、电子、算法、工程等多个领域，其技术融合主要包括：光机电技术融合、FPGA + arm + 安卓系统融合、点云分类 + 轨迹解算 + 点云拼接 + DLG作图软件融合、激光扫描 + 惯导 + GNSS技术融合、算法 + 设计 + 工艺等，需要协调大量人力、物力共同完成，实现批量生产需要时间。 企业经过不懈的努力，研发并批量生产出脉冲式三维激光扫描仪、机载三维激光扫描测量系统、轻型长测程车机载一体化移动测量系统等产品。
3	北斗高精度定位产品与服务	南方测绘基于北斗三号卫星系统，推出了“北斗精度”。南方“北斗精度”的原理与业内的RTX、中国精度、全球精度区别在于后三者是租用L波段的商业卫星，南方“北斗精度”是基于北斗三号GEO卫星播发的改正数，“北斗精度”单机即可实现厘米级定位，可广泛应用于戈壁、矿山等无人区测量，海岛测量，海洋设施安装，内河航道测量等典型场景。

案例 6
广州粤建三和软件股份有限公司

该公司是国内建筑工程质量安全管理信息化领域的龙头企业，在国内率先将互联网和物联网技术引入行业监管与企业管理，获省部级科技奖励 20 余项，已基本完成三大核心市场（珠三角、长三角和京津冀）和“一带一路”南北两翼市场（新疆和海南）（简称“三核两翼”）的重点市场布局。国内 60% 以上的建设工程质量检测单位使用三和软件，产品市场占有率高。

一、经营总体情况

该公司成立于1999年，长期专注于工程建设领域的信息化产品与服务的研发和推广，在国内率先将互联网和物联网技术引入行业监管与企业管理，先后获得十项住建部华夏建设科学技术奖，引领建设行业信息化二十多年。公司总部位于广州天河软件园，在北京、南京、杭州、武汉、重庆、深圳、长沙、乌鲁木齐、哈尔滨、南昌、海口等地设有分支机构，为遍布全国二十多个省、区、市的各级建设行政主管部门以及建设、施工、监理、检测、工程保险、预拌混凝土及砂浆生产、设备租赁等各类企业提供信息化解决方案，服务住房、市政、交通、水利、电力等多个工程建设领域，助力行业数字化、智能化转型升级，推动建设行业高质量发展。2020年度营业收入7 613万元、利润总额1 512万元、净利润1 411万元、税收贡献（缴纳税金）576万元。拥有高新技术企业、ISO9001、ISO20000、ISO27001、ITSS、CS2、CMMI5等资质；是中国建筑业协会工程建设质量监督与检测分会和中国土木工程学会工程质量分会理事单位，广东省科学技术实验室联合会常务理事单位，广州市建设工程质量安全管理信息化协会会长单位。

二、创新驱动发展情况

该公司现有科技人员143人，占职工总数的67.77%。公司研发团队在建设工程信息化应用软件及物联网软件开发技术等领域具有良好的理论基础和丰富的开发经验，围绕智慧城市产品，优化完善智慧建管、智慧工地、智慧检测、智慧水务项目整体实施设计方案，重点研究方案涉及集成相关设备特征、数据存储计算、传输方案、并发处理、移动应用等相关技术；公司以区块链技术团队（海南研发中心）以及BIM应用为基础成立创新研究中心，集云、大、物、移、智、区多种技术融合建筑工程施工，研发基于建筑工程产业链的区块链公共服务平台和智慧建造平台，重点是把区块链、BIM、人工智能、物联网、大数据、云计算等高新技术与建造行业需求有机结合，形成行业应用优势。

该公司2021年度研发投入1 297万元，研发投入占营业收入的比例为17%。多年来承担多项国家、省级课题；主编国家、行业地方技术标准11项；荣获省部级科技奖励20余项（其中国家住房和城乡建设部华夏建设科学技术奖9项）。公司拥有发明专利9项、实用新型专利17项、计算机软件著作权近300项。公司完成了国家互联网信息办公室区块链系统备案，通过了广州信创联盟授权认证中心（华为认证中心）认证，获得了广州区块链创新应用场景奖，入选广州市工业和信息化局发布的《广州市工业软件、区块链产品资源池（第一批）入库名单》，进入了中国产业区块链生态图谱中间层—解决方案—司法存证体系。强大的科研创新实力，能够为广大的建筑施工企业提供个性化的软件定制开发与运维服务。

该公司建立了完善的创新发展制度体系，制定了《产学研合作管理制度》，并与中山大学、华南理工大学及广东工业大学签订了产学研合作协议，为学生提供实习基地、对研发人员进行继续教育，有效提高了公司的创新能力，并取得了良好的合作效果。制定了《科研项目管理制度》，规范了企业研发立项、项目资金筹措、研发费用管理等运作流程，有效地提高了研发效率。从组织论证、审批立项、过程管理和结题验收等方面，科学地指导研发人员进行科研项目立项和验收。通过研发费用预算和研发准备金管理，在制度上提供了研发费用预算和资金来源保障，并规定了公司研发项目经费的支出范围，确保研发费用的合理使用，充分发挥了财务对研发费用核算、监督和管理的职能，保障研发活动的顺利开展。还制定了《科技成果转化与激励制度》和《知识产权管理与激励制度》激发科技人员的积极性和创造性；同时公司还制定《员工创新激励制度》及《创新创业平台管理制度》，建立实习和试验基地、用户体验和创新论坛等开放式创新平台，为公司创新发展提供新动力。该公司制定的《研发人员绩效考核与激励制度》《研发人员培训管理制度》《优秀人才引进管理制度》和《员工职称评定管理制度》等制度，用于规范研发人员的招聘、培养、激励和发展等管理流程，优化了创新人才管理制度，从而调动研发人员的积极性和创造性，为公司技术创新发展提供有力的人才保障。

三、市场竞争力情况

3H－aPaaS 平台是该公司自主研发的一款企业级、轻量化的基础数字应用平台，基于 Spring Cloud Alibaba 框架搭建，采用了分布式架构，支持微服务、容器服务、DevOps 等为代表的原生基础架构，主要使用 Vue、SpringBoot、MyBatis、Activiti、Redis 等开源技术，从底层数据库到应用中间件，再到前端页面技术都采用主流的开源技术，达到全栈技术自主可控。平台主要面向城市建设和管理相关企业，旨在通过云端技术助力传统企业数字化转型。平台核心功能包括：应用中心、用户中心、流程中心、统一认证、应用门户、工作待办、移动应用、开放平台、持续集成等，并通过开放平台对外提供所有底层服务能力，能够与外部系统无缝集成，实现用户统一认证和单点登录，帮助企业按照“搭积木”的方式快速构建数字化平台，实现从创意到落地的最快转化，促进和推动企业数字业务的使用。

该公司还自主研发了服务于建筑产业的三和区块链平台（简称“三和链”），旨在解决长期阻碍建筑产业健康发展的深层次问题，诸如诚信缺失、行业壁垒、恶性竞争、粗放低效等各类问题。同时打通建设（开发）、设计、生产（材料及构配件）、施工（总承包及专业分包）、监理、检测（监测）、租赁（设备及周转材料）、咨询及工程保险等建筑业全链条。最后将“产业链”“交易链”“金融链”“物流链”“信息链”“监管链”六链合一。

该公司产品市场占有率高，是国内建筑工程质量安全管理信息化领域的龙头企业，已基本完成三大核心市场（珠三角、长三角和京津冀）和“一带一路”南北两翼市场（新疆和海南）（简称“三核两翼”）的重点市场布局。公司主要软件产品客户已经遍布全国二十多个省、自治区、直辖市，包括各级建设行政主管部门及监督机构、建设单位、施工企业、监理企业、检测机构、监测机构和预拌混凝土及砂浆企业等逾万家用户单位，涉及建筑、水利、电力、公路、铁路等多个细分行业。例如国内建设工程质量检测单位约 5 000 家，其中，3 000 余家使用三和软件，市场占有率超 60% 。

该公司政府平台建设经验丰富，是广东、北京、湖南、江西、山西等全国多个核心省区市的建筑工程质量监管平台运营方，具备国内建筑行业最核心的工程质量安全监管数据，为将来公司的产品研究和业务拓展打下了坚实的基础。2021 年公司承建了长沙市建设工程智慧监管平台，以项目、企业、从业人员三大库为基础，利用“互联网＋智慧监管”技术，对接诚信体系系统，整合各质量、安全、行为等监管专业子系统，改变目前工程建设领域普遍存在的信息不准确、不真实、不及时、不完整的现状，将工程建设全过程中的人、机、料、法、环等各要素的信息实时或及时采集并汇总到统一管理平台上，健全工程质量监督、监理机制，加快建筑市场诚信体系建设，提高从业人员素质，实现全市质量安全管理的规范化、标准化和信息化。2022 年公司承建了由黑龙江住房和城乡建设局统筹建设的黑龙江省数字工地监测服务平台，并在平台里统一工程质量安全信息资源分类标准，统筹行业信息资源，实现省、市、县三级工程质量安全数据共享，并运用先进的云计算、大数据、物联网、图像识别等高新技术，在云平台上完成多方协同监管。在工程全生命周期做到信息可查询、责任可追溯，提供科学决策依据，提升政府服务能力，促进工程建设高质量发展，确保人民生命财产安全。

案例 7
江门劳士国际电气有限公司

L'OS劳士

该公司主要经营研发、生产、销售各类消防应急灯具，是行业最早推出集中式消防应急灯具的企业之一。公司产品通过地区代理的方式进行销售，产品销量目前居国内前五，是应急照明行业的一线品牌。该公司上下游合作伙伴包括国星光电、绿地集团、三星电子、希尔顿酒店、万科等。

一、经营总体情况

该公司成立于2007年，主要经营研发、生产、销售各类消防应急灯具，包括：集控/非集控应急照明灯、集控/非集控应急标志灯、消防应急照明疏散指示系统、应急电源及相关配套产品等，产品适用于各种大小建筑场所，满足消防应急照明需求。2020年，公司产值超过1.6亿元，利润超600万元，各项税费合计近600万元；2021年，销售额达2.7亿元，利润超2 000万元，税费超过1 000万元，主要财务指标连续三年复合增长率超过25%，目前，市场占有率位居国内市场前五。该公司是国家高新技术企业、江门市技术工程研究中心，多项产品获“广东省高新技术产品”称号，是国家建筑标准设计图集19D702－7《应急照明设计与安装》的主要参编企业之一。公司连续多年获得“守合同重信用企业”称号。公司通过ISO14001环境管理体系认证、ISO9001质量管理体系认证和OHSAS18001职业健康安全管理体系认证，所有产品均执行中华人民共和国GB17945—2010国家标准，并获得应急管理部消防产品合格评定中心颁发的强制性产品认证证书，是本行业拥有该类证书最多的企业之一。

二、创新驱动发展情况

该公司始终坚持自主创新、技术创新。随着GB51309—2018《消防应急照明和疏散指示系统技术标准》新规落地，智能疏散指示系统成为未来消防应急照明行业新风向，该公司着重发展的智能疏散指示系统是基于标准化和智能互联网技术设计的电气控制系统，它将建筑物内的整个消防应急智能疏散标志灯、消防应急照明灯、控制系统等构成一个智能网络系统，具有智能化程度高、安全性能良好、适用场合广、安装维护保养方便、容易满足客户不同需求等优势，行业前景广阔。早在2017年，该公司就进行布局，提前进行集中式消防应急灯具的研发并推出市场，是行业最早推出同类产品的企业之一。

该公司科技人员占比在11%以上，现有科技研发人员40多人。公司实行“开发、流动、竞争、联合”的运行机制，以确保研发工作高效、有序地开展。推行“择优选聘”与“合同聘任”相结合的人事制度，同时为了进一步规范研发项目管理工作，充分调动研发人员的工作积极性，最大限度地推进新产品研发项目和现有产品技术改进、工艺优化项目开展，为高质量、高效率、高经济性地完成研发工作任务而制定《研发项目绩效考核奖励制度》《技术创新平台奖励制度》《研究开发人员考核奖励制度》。为了进一步提高研发人员的创新意识，激发研发人员的积极性和创造性，还制定了人才绩效考核制度。建立科技成果转化组织实施与激励奖励制度，对每一个奖项都设立了必要条件，明确了研发人员申报、考核、评比、公示的程序。为了规范研发项目管理工作，充分调动研发技术人员的工作积极性，最大限度地推进新产品研发和现有产品技术改进及工艺优化，高质量、高效率、高经济性地完成公司研发任务，根据公司的实际情况制定研发人员绩效考核制度。同时，该公司建立了科技人员培养管理制度，加强与各大高校的合作，开展科学研究和人才培养，为技术人才的引入培养储备，定期邀请同行业的专家学者来公司讲课培训，积极与部分高校和科研院所优秀人才进行合作，为高端优秀人才引进提供便利。采用人性化管理模式，对管理和科研人员按不同情况安排学习实践，与企业共同发展和提高。

2017年，该公司通过江门市工程技术研究中心认定，以此为基础，持续发展壮大研发中心，研发设备等固定资产投入累计超600万元。该公司一直与高校紧密合作，与佛山科学技术学院开展了项目研发合作，未来也将加强加大产学研投入，与更多的高校和科研院所开展交流合作。目前拥有各类有效专利74项，包括实用新型专利34项、外观专利40项，另有多项发明专利进入实审阶段。随着营业收入的持续增长，该公司研发费用投入也持续上升，2020年投入研发资金767万余元，研发占比约4.5%，2018—2020年研发投入累计超1 600万元，占比长期维持在4.5%以上。

三、市场竞争力情况

该公司产品的主要销售市场为国内，因消防应急灯具的特殊性，绝大部分的产品都是应用于工程项目上，主要通过地区代理的方式进行销售，产品销量目前居国内前五，是应急照明行业的一线品牌。应急灯具较特殊，所占比例较低，仅占不足3%，但增速较其他照明灯具要高，目前国内应急灯市场整体规模在50亿元上下，约占全球市场份额30%，国外市场特别是欧美市场由于发展较早且叠加疫情影响，增长十分有限，国内市场近年增速均在8%以上。得益于市场的壮大及技术研发的不断投入，该公司连续三年的销售额保持25%以上的增速，2020年度营业收入已超过1.6亿元。目前销售的产品仍以传统的自电自控式应急照明灯/标志灯和应急电源等为主，新式集控式应急灯具的销售占比也在不断攀升。

该公司与上下游伙伴均保持长期良好合作关系，主要为国内合作伙伴，上游供应伙伴包括艾华科技、华微电子、中节能万润、国星光电等，下游客户包括绿地集团、金光高科、星辉互娱、华润万家、三星电子、希尔顿酒店、中国邮政、万科等，产品工程实施案例包括：广州国际会展中心、广州白天鹅宾馆、山东电视台、公安部办公大楼、东莞市城市交通全线、武汉世贸希尔顿酒店、成都地铁5号线及10号线、深圳京基100等。

案例8
江门市乔亿光电科技有限公司

QYLUXX®

该公司主要从事 LED 产品、灯饰的研发、生产、加工和销售，主要销售区域包括巴西、沙特阿拉伯王国等国家。产品生产工艺技术装备水平、产品技术路线、产品质量水平都已经达到较高水平，在行业中引领潮流。国内外供应链合作伙伴情况良好，主要客户有葆光、嘉亮、晨尚等。

一、经营总体情况

该公司成立于2016年，主要从事LED产品、灯饰的研发、生产、加工和销售，产品主要销售区域包括巴西、沙特阿拉伯王国等国家，市场开拓情况良好，正在计划增加开拓其他市场。公司近年入选高新技术企业、科技型中小企业。公司主要产品包括LED投光灯、LED天花灯、LED净化灯，应用于室内、室外投光。近年经营增长率100%，2020年营业收入4 476.78万元，利润53.7万元，税收贡献127.2万元。

二、创新驱动发展情况

该公司当前产品技术升级转型、技术改造、技术合作创新及在建项目发展推进情况良好，自主开发的新技术或新工艺、新工法、新服务，专利产出7项。为促进技术创新工作开展，企业在研发、知识产权产出人才奖励等方面对于为企业获取自主知识产权及工艺改进等科技研发作出贡献的优秀专利工作者有以下举措：凡申请专利并被国家知识产权局受理的给予职务发明人1 000元奖励，专利申请被授予专利权的给予专利职务发明人3 000元奖励。光感应自动调节LED射灯的研发、可一体成型化快捷安装的射灯的研发、方形防水投光灯的研发、可排出内部水汽的免导光面板灯的研发、可轻便安装的高光效面板灯的研发、分体式LED筒灯的研发、可平衡内部气压的免导光板筒灯的研发都已获得专利。

三、市场竞争力情况

该公司每年进行市场调研，针对市场与客户需求研发新品，设计大量新方案，投入大量新模具，产品生产工艺技术装备水平、产品技术路线、产品质量水平都已经达到较高水平，在行业中引领潮流。国内外供应链合作伙伴情况良好，主要客户有葆光、嘉亮、晨尚。

案例 9
江门市唯是半导体科技有限公司

WAISEI

该公司是一家立足高端液晶显示技术产品领域的科技研发生产型高新技术企业，是广东省内最大的夏普液晶玻璃及液晶显示面板供应商，在大尺寸、智能、触控等高清相对个性化细分市场的超高清 4K/8K 显示产品填补相对细分市场空缺。

一、经营总体情况

该公司成立于2006年，是一家立足高端液晶显示技术产品领域的科技研发生产型高新技术企业，公司主营业务是液晶面板制造（尺寸涵盖9英寸至110英寸的全高清、超高清4K产品）、全高清（超高清4K）液晶显示产品、高精专业医疗显示平台、智慧教育触控一体装备、人脸识别技术的研发与设备功能应用等多方面。公司出口销售中国台湾、东南亚、中东、南美洲、非洲等地区，销售液晶面板及液晶显示设备；境内销售公司旗下“WAISEI”“维硕”授权品牌。该公司是江门市市直办公自动化设备合格供应商，主要提供超高清显示设备、智慧教育触控一体机、液晶显示设备等产品，也是广东省内最大的夏普液晶玻璃及液晶显示面板供应商。

二、创新驱动发展情况

2018年初开始，根据4K（超高清）液晶显示面板自动绑定项目的技术研发需求，该公司首期投入1 600万元，成立专项项目组，并于3月份开始在技术部等有关部门的配合下，通过对4K绑定技术专用设备的调查研究、论证，先后联合其他技术企业开发完成了17台套设备的研制、安装、调试，其中13台套设备投入常规实用应用生产，并对应用设备进行首次技术改造，投入设备总价700多万元。其中ACF、FOG、COF及传输设备申报多项知识产权。

该公司建立工程实验中心对4K液晶显示玻璃技术配置方案、4K液晶玻璃图像显示控制技术、4K液晶玻璃图像逻辑驱动技术及4K电视网络相关核心芯片及操作系统技术进行研究，制订更有效、更精细的4K液晶显示控制技术方案；对HDR、3Audio、AVS2、TVos、Chinadrm等音像传输标准进行实物应用实验研究，测试新技术在4K显示领域产品的实际应用、产业可能性与产业方式，并将上述研究成果标准转化投入实际4K液晶显示面板产品及4K液晶显示产品的生产产业中。通过公司自身的不断努力推动建立国家级或省级4K电视及显示设备创新产业基地，加强4K电视产业相关产品从生产、检验检测能力到标准技术指标验证的建设与发展，为未来8K显示技术的开发与应用打好坚实的基础。

该公司现有4K液晶显示触控一体设备采用的触摸屏具有坚固耐用、反应速度快、节省空间、易于交流等许多优点。利用这种技术，只要用手指轻轻地触碰计算机显示屏上的图符或文字就能实现对主机的操作，从而使人机交互更为直截了当，极大方便了那些不懂电脑操作的用户。

该公司建立了工作机制、激励机制、约束机制等完善的运行机制，为创新驱动发展保驾护航。工作机制包括沟通机制（信息传输渠道和方式）、指挥机制（指令与汇报的方式）、流转机制（工作程序和方式）；激励机制包括利益机制（薪酬福利体系）、成长机制（员工发展空间、职业生涯、知识更新、绩效目标与过程辅导）；约束机制包括制衡机制（治理结构中的制衡关系、各部门之间的制衡关系、上下级之间的制衡关系）、监控机制（绩效目标监控、质量监控、安全生产监控、成本监控、财务监控、履职监督）、考评与奖惩机制（绩效考核、业务考评、日常鉴定、奖惩兑现）。

三、市场竞争力情况

随着广东省4K电视机网络应用覆盖与对4K产业发展的扶持政策的落地，公司将迎来新一轮的发展机遇，配合新的4K液晶面板自动绑定生产线的开发完成与投入生产，生产的成品投入4K显示设备产业化生产及销售国内外电视机组装企业，逐步建立以江门为生产基地，覆盖周边县市，吸引各地上下游企业落地江门形成产业集群。公司现阶段目标是成为集研发、生产、销售为一体的区域产业龙头企业。

企业现阶段与国内外主要的知名电视机品牌企业不存在直接的竞争关系，故采用市场补缺策略。企业选择大尺寸、智能、触控等高清相对个性化细分市场的超高清 4K/8K 显示产品填补相对细分市场空缺。大尺寸、智能、触控的超高清 4K/8K 显示产品整体市场处于发展阶段，广东省正大力扶持推进 4K/8K 电视网络应用与产业发展，国内外都有足够的市场潜力与购买力。

案例 10
江门市想天照明科技有限公司

SANTAN想天®

该公司多年来专注高端商业照明，是一家集研发、制造、销售和服务于一体的智能控制及灯光设计系统解决商，核心销售服务网络已覆盖全国400多个城市及地区。已经参与的工程项目包括：北京故宫、中铁集团、广州太古汇、希尔顿酒店等。2021年，想天智能T-BUS系统正式上市，开创智能灯光一体化定制服务。

一、经营总体情况

该公司成立于2011年，坐落于江门市国家高新区。多年来专注高端商业照明，是一家集研发、制造、销售和服务于一体的智能控制及灯光设计系统解决商。2018年首次通过高新技术企业认定，并连续三年入库科技型中小企业。

该公司以探索科技和美感融合的产品为核心，品类涵盖家居、艺术、户外及智能照明。结合博物馆、酒店、会所、别墅等商业空间的人文需求，以专业及国际化的设计理念量身打造最佳照明解决方案。近年来，该公司营业收入呈平稳上涨的趋势，其中2018—2021年营业收入分别为2 506万元、4 033万元、5 710万元、9 753万元，平均年增长率达到57.3%。

二、创新驱动发展情况

作为传统照明的破局者，该公司对标国外一线品牌，与众多国外设计师深度合作，以确保想天将来仍然是一支具有国际视野的照明团队。该公司坚持原创和注重知识产权的保护。公司自成立以来积极自主申请与主营产品研发生产相关核心技术的专利95项，其中发明专利14项、实用新型专利29项、外观设计专利52项。该公司注重研发创新与研发组织管理，制定了《开发项目立项管理制度》《研发投入核算财务管理制度》等，编制专项账目，研发费用的投入和核算清晰明了，严格按照相关管理办法执行。为促进科技成果的转化，该公司在研发中心成立之后，制定了《科技成果转化的组织实施与激励奖励制度》《知识产权管理制度》等科技成果转化奖励制度，充分调动研发人员的工作积极性。对于成果的转化应用，企业所制定的制度文件严格规定，要结合市场发展趋势制定公司发展、研发的方向，努力做到研发成功一项，及时转化应用一项。为提升公司核心竞争力，该公司已建立《研发人员培养进修培训管理办法》《职工技能培训管理制度》《人才绩效评价奖励制度》《人才引进管理制度》等多项科技人员管理培养及鼓励制度。

三、市场竞争力情况

该公司着眼市场精心布局，迅速锁定国内外高端市场，坚持长期深耕，展开的核心销售服务网络已覆盖全国400多个城市及地区。公司持续以革新的精神为社会提供多样性的照明产品，年研发产出达十大系列，含过百款产品，持续丰富产品矩阵，以创造力驱动更高的品牌价值。2012年荣获照明行业"十大优秀工程灯具制造商""十大优秀LED应用品牌""十大优秀商照品牌"等荣誉。2013年推出智能型应用系统及智能LED，全面供应五星级酒店及别墅、商铺。2014年从渠道终端销售进军工程领域，完成亚洲最大奥迪4S店（北京来广营店）、合肥中国银行大楼、贵阳龙洞堡国际机场、天津地铁站、澳门何鸿燊夫人大礼堂、株洲环洲歌剧院、广州太古汇等大型项目。2015年，该公司系唯一入选北京故宫灯光改造工程、中共中央党校、钓鱼台迎宾馆、北京雁栖湖国际会都等国字号工程项目的国内照明品牌。2016年品牌专卖店突破400家，覆盖国内80%以上一、二线城市；高端系列"金刚"诞生，迅速占领国内外高端设计师领域。2017年想天智能体验馆3.0正式面世，为消费者带来更个性化的照明体验。启动行业"筑光计划"，设立想天照明学院，获中国照明学会授权：国家注册照明设计师培训基地、行业唯一组织在国内开设米兰大师班、关永权灯光大师特训营、每年全国超30场筑光沙龙培训。2018年想天体验馆突破200家，覆盖国内70%以上一、二线城市。高端系列"金刚Q"新品发布，成功为全国政协礼堂打造灯光改造工程。2019年产品线全面升级，延展户外整体照明、艺术照明、智能照明；全国超300家品牌专卖店完成升级，建设2 000多平方米单品牌旗舰店，成为行业最具规模的企业。2020年7月，想天总部3 000平方米智能灯光旗舰店在古镇星光联盟面世。实现超30家千方大店，全国品牌形象店超360家。想天照明学院成功举办2期国家注册二级照明设计师课程、30期筑光沙龙。2021年，该公司荣获中国品牌荣誉：“大国设计品牌·商标”“中国设计推动品牌”；总经理朱忠武先生参与制定照明标准手册：《建筑装饰装修室内空间照明设计应用标准》《建筑装饰装修室内空间照明设计应用手册》；想天智能T-BUS系统正式上市，开创智能灯光一体化定制服务。

跨过品牌十年里程碑的第一年，该公司已经参与的工程项目涉及北京故宫、中共中央党校、全国政协常委会议厅、雁栖湖国际会都、新华社、国家安全中心、中国国学中心、中铁集团、南开大学、龙洞堡国际机场、广州太古汇、泰达地产、佳兆业、希尔顿酒店、喜来登酒店、万豪大酒店、范思哲、阿玛尼等。

案例 11
珠海数字动力科技股份有限公司

"

该公司主要为小区楼宇对讲数字化、智能家居、社区 AI 安防提供定制芯片、解决方案和产品，是“珠海市高成长创新型企业（独角兽科技创新类种子企业）”，2016 年在新三板挂牌上市。经过十多年的发展，在小区楼宇对讲行业芯片方案的市场占有率中名列前茅，技术水平处于国内领先地位。

"

一、经营总体情况

该公司成立于2011年，2016年在新三板挂牌上市。公司的主要业务是为小区楼宇对讲数字化、智能家居、社区AI安防提供定制芯片、解决方案和产品。包括全数字可视对讲芯片和软件、人脸识别门禁、4寸智能中控面板等。先后被认定为“高新技术企业”“广东省软件企业”“广东省高成长中小企业”，被珠海市授予“珠海市民营科技企业”和“珠海市民营科技企业创新产业化示范基地”。2020年被认定为“珠海市‘专精特新’中小企业”，2021年被认定为“广东省AI社区安防工程技术研究中心” “珠海市高成长创新型企业（独角兽科技创新类种子企业）”。

二、创新驱动发展情况

该公司根据实际需求建立日常管理制度、研发管理制度、财务管理制度、知识产权管理制度、员工激励管理制度、高级人才引进与管理制度、仪器设备使用制度、开放课题研究基金管理办法等，保证各项经营活动有章可循，实施准确有效。研发管理制度中明确研发技术、新产品设计开发中各部门的职责和工作流程，对研发组织管理、研发过程管理、研发经费管理、知识产权管理、研发信息管理提出具体要求。知识产权管理制度中明确鼓励技术创新，对员工提出的新技术新思路组织探讨，在专利申请和授权的不同阶段给予相应的奖励。员工激励管理制度则是通过行政激励、人事激励、财务激励等多种手段调动员工积极性，对在完成工作任务方面取得显著成绩的员工以及向公司提出合理化建议的员工，给予荣誉颁发、岗位升迁、调薪、绩效奖金等奖励。

该公司自成立以来，主要技术方向是“AI+智慧社区”，为社区安防、智能家居、楼宇数字对讲提供芯片、解决方案和产品。公司员工中80%以上拥有本科学历，其中博士 1 名，研发和技术人员占比超过 70%。创业团队和核心研发人员拥有 20 多年的智能安防定制芯片和解决方案行业经验，目前已经形成一支软硬件研发实力较为雄厚的研发队伍，在芯片底层研发和核心算法方面拥有核心技术，并且为行业提供 TurnKey 一站式软件系统交付。该公司研发机构设有芯片及硬件系统设计部、嵌入式软件研发部、平台软件研发部、AI 技术部、测试中心、实验中心、技术委员会 7 个部门。

2015 年，该公司与北京理工大学珠海学院签署了产学研合作协议，成立了“智慧社区门禁与安全大数据”联合实验室，并进行了多项产品的研发攻关，联合申报组建广东省工程技术中心。2019 年，与澳门科技大学签署了产学研合作协议，共建人工智能联合实验室。

经过多年研发和创新，该公司已拥有有效发明专利 1 项、实用新型专利 13 项、外观专利 5 项、软件著作权证书 68 项，另有 8 项发明专利在申报中。

三、市场竞争力情况

该公司为国内和国外的楼宇对讲、智能家居等厂家提供定制化芯片和软硬件解决方案，在行业产业链中处于中上游位置。经过十多年的发展，在小区楼宇对讲行业芯片方案的市场占有率中名列前茅，技术水平处于国内领先地位。

该公司的芯片和方案主要销售地区为国内，主要芯片产品有 NX1 数字分机主控芯片和方案、X5 高清对讲芯片、X10 Android 定制芯片与方案，产品有 4 寸智能中控面板、“云聆”AI 无线安防系统。国外的市场有韩国、土耳其等，这些国家的楼宇对讲厂家也采用公司提供的芯片与方案。2013 年，发布了国内第一款高性价比数字分机主控芯片，用来取代模拟对讲系统，初步打开了市场，为后续发展打下了良好的基础。2018 年，打造了业内第一款高清对讲芯片 X5，主要以 1080P 高清和云对讲为特点，面向国内高端对讲市场和海外市场。

近年来，随着AI技术兴起，公司在安防楼宇方面开始发力，定位于小区楼宇对讲和社区安防，人脸识别技术是其中的一个关键应用。公司自2017年起组建了人脸识别算法团队，经过一年多的研发，在落地应用时，效果始终不理想。2018年，公司通过与澳门科技大学的合作，算法得到了显著的提升，X9芯片以及人脸识别门口机成为主营产品。2020年，该公司为全屋智能家居、灯控、智能开关行业量身打造了4寸智能面板，分辨率为480×480，集智能控制、触摸屏操作、语音控制于一体，是传统86盒的未来智能升级产品。

该公司将基于安防行业芯片方案的深厚积累，专注于为智能物联网AI+IoT提供交互、联接、AI和感知四大系列定制芯片，为行业提供从芯片到方案的全面生态赋能。通过从上游定制采购产品所需要的芯片，结合自主研发的软硬件技术，开发出不同规格的系统解决方案以满足不同用户需求，公司主要销售的产品形态为“定制芯片+配套软件方案”。客户主要是楼宇对讲生产厂家，如：浙江大华科技有限公司、施耐德电气（中国）有限公司、广东安居宝数码科技股份有限公司和深圳慧锐通智能科技股份有限公司等。

案例 12
珠海研果科技有限公司

vyagoo
珠海研果科技
VYAGOO TECHNOLOGY CO.,LTD.

该公司主要研发 AIoT 操作系统，基于该系统，重点开发影像监控和影像分析产品，包括辅助驾驶和物体识别等，可提供 AIoT 操作系统 + 视觉算法 + PCBA 整套解决方案。相关产品和服务处于国内及全球产业链中的中上游，AIoT 操作系统处于国内领先地位，基于深度学习和 NPU 计算的相关辅助驾驶技术处于全球较高水平。

一、经营总体情况

该公司成立于2016年，致力于AIoT软硬件系统的研发销售和服务，主要研发AIoT操作系统，特别是基于深度学习的影像分析技术、大数据物联网融合技术，以及AI产品的调试生产落地工具技术，并基于该系统，重点开发影像监控和影像分析产品，包括辅助驾驶和物体识别等。

该公司是国家高新技术企业、知识产权贯标企业。2019年营业收入2 828.39万元，利润462.49万元，税收贡献60.91万元；2020年营业收入2 616.91万元，利润421.59万元，税收贡献87.63万元。

二、创新驱动发展情况

该公司主要研发AIoT操作系统，公司同华中科技大学电子信息与通信学院王兴刚教授团队进行产学研合作，实现多款深度学习模型的建立和训练部署。未来会重点建设云管端的一体化研发和生产平台，实现终端的深度AI、5G的影像数据收集和传输，以及通过云端的多设备交互。

该公司在职员工33人，其中研发人员24人，研发人员占比约为73%；设立了研发中心，研发投入持续增加，2019年研发投入415.15万元，研发费用占收入15%的比例，2020年研发投入499.53万元，研发费用占收入19%的比例。该公司对于骨干人才实行员工持股奖励，对于在项目中有突出贡献的员工给予丰厚的项目奖和年终奖励，以充分调动员工的工作积极性。

该公司在经营过程中建立了多种机制，以保障产品从研发到生产及售后的快速响应及闭环管理。其中，项目研发会组建对应的项目团队，团队设置了产品经理、项目经理、技术经理三个关键岗位，产品经理负责产品定义，项目经理负责整个项目的资源调度和进度跟踪，技术经理负责技术资源调度和组织技术攻关。

项目通常采用迭代式开发方法，先对关键技术和独立功能模块进行开发，之后再开发其他独立功能模块，最终整合成一个全功能的产品。公司在多个项目的研发过程中，先后突破了多个关键技术，包括：基于 GPU 的单目鱼眼图像的展开技术、基于 GPU 的双目和四目图像的拼接技术、基于 NPU 的深度学习模型量化及部署技术、基于 HDMI 的双屏实时同步显示技术、基于 SD 卡的多路摄像头写入防止卡碎片化的技术。

该公司先后与深圳大学物理与光电工程学院、华中科技大学电子信息与通信学院进行了产学研合作。在知识产权管理方面，2018 年完成了企业的贯标认证，多年来贯彻执行国家标准《企业知识产权管理规范》（GB/T29490—2013），在专利和软件著作权及软件产品等知识产权方面进行了持续积累。公司会不定期举行知识产权相关知识的培训，对有知识产权输出的员工给予一定的奖励。截至 2021 年 2 月底，取得有效专利 8 项，其中申请发明专利 26 项（授权 5 项）、实用新型专利 2 项（授权）、外观专利 1 项（授权）；申请软项著作权 36 项（授权 33 项）。

三、市场竞争力情况

该公司在 2016 年成立之初就意识到新能源车时代即将到来，同时认为人工智能在多种应用场景具有巨大潜力，因此布局了两大产品线，即车载产品线和物体识别产品线。车载产品线以全景行车监控终端为切入口打入车载供应链市场，后续基于人工智能技术研发了多种基于深度学习的辅助驾驶设备。物体识别产品线采用物体识别技术，该技术以人脸识别的应用为主，研究了相关应用技术，打通了产业链和相关销售渠道，为后续其他相关物体识别产品的快速量产奠定了基础。

该公司提供 AIoT 操作系统 + 视觉算法 + PCBA 整套解决方案，相关产品和服务处于国内及全球产业链的中上游，AIoT 操作系统处于国内领先地位，基于深度学习和 NPU 计算的相关辅助驾驶技术处于全球较高水平。该公司开发的全景行车监控终端从2017年开始销售，营业收入连续多年持续增长，2019年营业收入达2 200万元，先后销往日本和欧洲等地，尤其是在日本全景行车监控终端市场，其产品所占市场份额持续增长，客户包括Sevia和Keiyo等，2020年市场份额达20%。针对全景行车监控终端，截至2020年底，该公司已经研发完成从单目到四目摄像头的产品矩阵，与同类产品相比，具有更丰富的产品功能和更高的性价比，2021年，公司该类产品占到日本全景行车监控终端市场的40%份额。该公司开发的人脸识别定制系统，2019年与南京地平线机器人技术有限公司合作，推出了基于人脸识别的门禁和闸机产品，同年在基于人脸识别的门禁和闸机市场抢得先机，产品已经被富士智能等多家门禁闸机领域的头部公司部署到多种场地。

该公司的AIoT操作系统主要运行在基于ARM核的SoC上，因此相关产品的供应链需求客户有多家国内外芯片公司，比如国内的珠海全志科技股份有限公司、福州瑞芯微电子股份有限公司、舜宇光学科技（集团）有限公司，以及国外的三星、海力士、镁光、博通等。针对AIoT操作系统，该公司未来会基于车载和物体识别两个应用场景，将AIoT系统的发展更聚焦于这两个场景。对于车载场景，将AIoT系统发展为符合车规级的智能座舱操作系统；对于物体识别场景，将AIoT操作系统更聚焦于端侧的深度人工智能以及物体间的数据传输。

先进制造与自动化领域

2

先进制造与自动化技术是融合微电子技术、自动化技术、信息技术等先进技术，转变传统制造技术的新型系统。2021 年，广东省先进制造业增加值比上年增长 6.5%，占规模以上工业增加值比重 54.2%。① 根据高新技术企业火炬统计，在全省 6 万多家高新技术企业中，先进制造与自动化领域 1.7 万家，占比 28.1%，位居各领域第二位。

① 资料来源：《2021 年广东省国民经济和社会发展统计公报》。

案例 13
佛山市高明毅力温控器有限公司

该公司从事高性能电加热器及控制系统的研发、生产与销售，已发展成为电加热行业技术领先、规模较大、品种齐全的知名企业。耐高温精密温控器系列产品通过 CE 认证，允许在欧洲、美国等国家和地区销售。电热式快速热水器系列产品通过中国质量认证中心认证检测，产品销往全国各地和海外多个国家和地区。

一、经营总体情况

该公司成立于2000年，凭借母公司超过50年生产机电配件及30年生产温泉、游泳池和热沐盆的安全配件的经验，专注于高性能电加热器及控制系统的研发、生产与销售，已发展成为电加热行业技术领先、规模较大、品种齐全的知名企业。该公司在集成制热系统、智能化安全温控系统等领域具有技术优势，目前已从事相关业务超20年。主要产品包括耐高温精密温控器、电热式快速热水器、高寿命防杂质流量开关、压力开关等。

该公司系高新技术企业、科技型中小企业。2020年，面对疫情的巨大冲击，该公司克服重重困难，不断加大研发投入，保持了主营业务收入稳定增长，2020年度，实现营业收入5 688.15万元，净利润1 350.45万元，缴纳税金322.41万元。2018—2020年度，公司主营业务收入分别为3 180.40万元、5 296.67万元和5 688.15万元。

二、创新驱动发展情况

该公司自成立以来，坚持自主创新研究，开发了耐高温精密温控器、电热式快速热水器、高寿命防杂质流量开关、压力开关等具有自主知识产权的高新技术产品，并实现批量生产、销售，主导产品具有显著技术创新，处于行业先进水平，具有较高的技术含量、较高的附加值和显著的经济效益、社会效益。

该公司扎根电加热器及其关键配件行业，不断加大研究开发投入，建立“以市场需求为导向，利用新工艺、新材料、新技术，对传统电加热器进行颠覆性的创新设计，形成核心知识产权”的研发体系，并使其成为公司发展的核心驱动力和可持续发展的技术保障。2020年度，公司研发投入达327.18万元，占销售收入的比重为5.75%。

该公司设立研发中心，于2018年被认定为佛山市工程技术研究中心和高明区工程技术研究中心，拥有独立办公和研发场所，配备了齐备的仪器设备，具有良好的研究开发条件。制定了《产学研合作管理制度》，通过母公司与法国研究院所建立了长期合作关系。制定了《研究开发组织管理章程》《研发项目立项管理制度》等制度文件，对研究开发组织管理进行规范，研究开发流程符合ISO9001质量管理体系要求。制定《研究开发投入核算制度》，于2016年开始实施研发准备金制度并制定《企业研发准备金制度》，按要求计提研发准备金，编制研发辅助账。公司制定了科技成果转化奖励制度，建设了开放式创新创业平台，出台了科技人员培养进修、职工技能培训、优秀人才引进、人才绩效评价等系列措施。

该公司汇聚了一批在专业领域颇有研发经验的专家以及年轻的优秀人才，并为研发中心配备专门的研究开发工作场地，拥有3D打印机、全自动扭力试验机、耐压绝缘测试仪等新产品设计、测试分析、新产品试制与工艺研究设备。

该公司拥有7项中国发明专利、31项实用新型专利和9项外观设计专利。耐高温精密温控器、电热式快速热水器、高寿命防杂质流量开关、压力开关四项产品被认定为广东省高新技术产品。

三、市场竞争力情况

该公司融合自身在电加热器方面的技术积累和技术开发、生产实践的经验，及时跟踪电加热器产品发展的动向和趋势，确保技术的全面性和先进性，用先进的技术、新型的材料和精湛的加工工艺不断巩固和扩大公司产品在国际市场的份额。主攻的技术课题包括电加热器新产品及新工艺的研究与开发、电热膜发热元件的研究与开发及其应用（热水器等产品的研究与开发）、极速开水机的研究与开发、即热式系列水加热产品研发的相关技术等。

该公司的主导产品耐高温精密温控器系列产品通过德国莱茵TÜV认证检测公

司 CE 认证，达到低电压指令 LVD（2014/35/EU）标准，符合欧盟、美国温控器要求，允许在欧洲、美国等国家和地区销售。

电热式快速热水器系列产品通过国家级认证机构中国质量认证中心认证检测，其制造材料（日用管状电热元件）通过 CQC 检测，符合 CQC11－448311－2012 日用管状电热元件安全认证。

高寿命防杂质流量开关解决了流量开关长时间运行的技术难题，降低了生产成本，缩小了流量检测器的体积，且可以防止杂质如水垢、铁锈等进入流量开关腔体内，具有大范围推广的优势。

压力开关系列产品主要应用于热水器、烧水壶、水疗和游泳池加热器及过滤器的压力感应，电气装置外部使用，市场前景广阔，产品以出口为主。

案例14

佛山市固高自动化技术有限公司

固高自动化

GOOGOL AUTOMATION

该公司主要为广大客户提供各类高效高质量的机器人自动化集成解决方案，其中创新的无缝焊接安全走道板、柔性焊接翻转夹具及机器人核心技术减速器在国内处于领先水平。自主研发的基于六轴焊接工业机器人及其运动控制系统，综合性能达到国际一流水平，填补了国内同行业的多项空白。

一、经营总体情况

该公司成立于2014年，主要为广大客户提供各类高效高质量的机器人自动化集成解决方案，尤其以焊接铝模板及机器人焊接走道板、网框、智能焊接导轨为公司创新优势。其中创新的无缝焊接安全走道板、柔性焊接翻转夹具及机器人核心技术减速器在国内处于领先水平。焊接机器人的广泛应用极大地提高了焊接效率及焊接质量，改善了工人的劳动环境。该公司依托在运动控制、图像与视觉传感、机械优化设计、伺服驱动等工业自动化技术的研发和应用方面的优势，自主研发的基于六轴焊接工业机器人及其运动控制系统，综合性能达到国际一流水平，填补了国内同行业的多项空白。

该公司获2015年广东省科技厅科技创新创业大赛优胜奖并入围全国总决赛，入选2008年广东省装备制造核心技术产学研示范基地、2019年度佛山市“专精特新”企业、2015年南海区“雄鹰计划”第一批重点扶持企业、2018年度南海区品牌企业，2017—2020年度被评为优秀系统集成企业，2021年荣获“佛山市数字化之智能制造装备及机器人产业生态供给资源池”荣誉称号，致力于走专业化、精细化、特色化和新颖化道路，形成了较强的核心竞争力和可持续发展能力。

二、创新驱动发展情况

近年来，该公司坚持以技术研发为核心战略，推动新技术与新理论的创新能力培养，以创新营利模式搭载创新服务方式与精益运营相结合的运营模式不断发展。该公司与香港科技大学本着“强强联合、共同发展”的原则，在优势互补、资源共享的基础上，围绕工业机器人产业链进行深入研究。同时，双方也将在焊接机器人的核心技术（柔性焊接、视觉识别、现场通信）和关键应用领域开展前瞻性的应用基础研究和高水平的工程化研究，通过技术合作，促进该公司的技术进步。

为营造公司学习氛围，激发创新思维，提升创新能力，该公司制定了《研发人员培训管理制度》《人才引进管理制度》以及《研发人员绩效考核制度》。规定了科技人员绩效考核的标准以及奖励措施、人才招聘及薪资待遇、员工进修培训规范等，让职工队伍不断发展和进步。组建了知识产权管理部门，制定知识产权管理办法、专利管理办法、著作权管理办法等相关的知识产权制度。

该公司的管理和技术团队、核心骨干一直注重技术创新，不断设计开发高附加值的产品，提升企业的核心竞争力。该公司2021年职工总数为32人，其中硕士1人、在读研究生1人、本科以上14人，研发人员11人。每年研发投入占销售收入的6%。该公司还与香港科技大学开展了紧密的产学研合作活动，聘请该校教授为技术顾问，双方共同开展科研项目，并获得2019年度佛山科大专项（一类），获批金额250万元。

2017年挺进佛山市南海区智能制造龙头企业50强，并在第四届中国创新创业大赛（广东赛区）暨第三届“珠江天使杯”科技创新创业大赛中荣获先进制造行业企业组总决赛优胜奖。2020年，该公司斩获多项科技奖励，获得市级项目立项3项、省级项目立项2项。同时，该公司非常重视技术成果标准化，参与《压铸机能效等级及评定方法》行业标准的起草。截至2021年，该公司拥有发明专利11项、实用新型专利36项。

三、市场竞争力情况

该公司产品以各种运动控制器为核心，派生出各种专用控制系统、CNC数控系统、教学实验设备、机电一体化设备以及工程技术服务等，应用范围遍及数控机床、机器人、电子加工和检测设备、生产自动化等各类工业控制领域以及各高等院校等教学领域。2018—2020年该公司自主研发的柔性焊接机器人生产线产品的销售量及销售额等综合指标位于全省同类产品首位。该公司焊接机器人生产增长率超300%，销售量为150余台套，销售额为5 000万元，预计2025年将突破销售额8 000万元。据广东省机器人协会统计，2019年固高的柔性焊接机器人生产线在全省市场占有率高达21%，排名为全省第三名。

该公司为江苏国电新能源装备有限公司配备上了全自动智能焊接系统生产线，应用了一体化焊接爬架、走道板、网框等多个产品，大大提高生产效率，降低人工成本。为佛山南海惠普九洲风机配备上了六工位全自动焊接风机罩，通过自动上料，精准焊接每个工位，一步到位，获得客户高度认可。为广东精泰人防配备上了人防门钢结构焊接，是全国首台套焊接。

案例15 佛山市顺德区凯硕精密模具自动化科技有限公司

“该公司主要从事研发、制造、销售、安装精密模具及配件、机械手、机器人、自动化设备及配件、柔线生产线、工业自动化控制系统装置等，身处产业链的上游，且业务领域贯通整个产业链，现已开辟了埃及、印度、欧美等国外多个销售市场。研发省级首台套产品成功入库，获得省级最高700万元扶持，目前已实现量产。”

一、经营总体情况

该公司成立于2008年，主要从事研发、制造、销售、安装精密模具及配件、机械手、机器人、自动化设备及配件、柔线生产线、工业自动化控制系统装置等。面向家电、汽车、3C、家居五金等离散型行业客户提供集产品开发、五金、注塑模具设计及半成品加工、产成品智能制造全产业生态链服务。先后获得国家级高新技术企业、国家专精特新“小巨人”企业、国家知识产权优势企业、中国专利优秀奖、广东省高成长中小企业、广东省冲压自动化及机器人工程中心、广东省创新型（试点）企业、广东省两化融合管理体系贯标试点企业、广东省专精特新中小企业、广东省第一批建设培育产教融合型企业、广东专利优秀奖、佛山市专利转化标准试点企业、佛山市细分行业龙头企业、佛山市企业技术中心、顺德区机器人生产骨干企业等资质荣誉。自2020年初疫情发生以来，该公司从志愿维修防疫生产设备，到转产口罩机，用智能制造硬实力，筑牢抗疫物资防线。2021年2月中共北滘镇委、镇政府授予公司和总经理谢传海先生抗击疫情先进集体、先进个人荣誉称号。

二、创新驱动发展情况

该公司提供集产品结构与模具工艺结合的顶层模块化、标准化研发设计，致力于成为行业领先的智能冲压及智能工厂解决方案专家。为了确保核心研发人员稳定性，该公司在引进核心人才时就已经向其分配了原始股份。截至2021年12月，在册人数195人，其中研发创新团队47人，研发人员占总人数24.1%。该公司联合顺德梁銶琚职业技术学校、佛山恺智教育科技公司创建了混合体制跨企业实训中心——佛山市銶硕恺捷智能制造公共实训中心。自2020年11月30日正式揭牌成立以来，累计完成150名在校生和近百名社会人才培养任务。

该公司建立健全《研发项目管理制度》，规范研究开发项目立项、研发经费管控、过程控制、验收、成果等管理工作，并对带头开展项目的责任人按照“开发进度、开发质量、产品成本、技术贡献”进行考核，对参与项目的成员按照“贡献、工作量、工作效率”进行考核，个人汇总得分作为分配奖金的依据，以保证公司科研工作的顺利开展。在科研成果转化及申报方面，依据《科技成果转化管理及奖励制度》《专利申报及奖励管理制度》，对于实现良好产业化效益的科研成果，对其知识产权（包括专利、计算机软件著作权）创造者给予奖励。2021 年，研发投入总额 620.62 万元，研发投入占企业销售收入的 6.06%。研发投入主要用于研发项目的运行、研发人员的薪酬和激励。2016 年成功组建佛山市冲压自动化及机器人工程中心，2017 年成功升格为广东省冲压自动化及机器人工程中心，2020 年成功认定为佛山市企业技术中心。公司已承担国家、省、区、市科研项目超过 17 项。如“空调压缩机冲压成型与焊接机器人生产线”获得 2022 年广东省首台套最高 700 万元支持。智能自动冲压模具荣获 2017 年佛山市重大自主创新成果标准化项目支持以及 2020 年广东省科学技术奖培育入库项目二档。特别是 2019 年，公司的自主研发本体机器人被佛山市工业和信息化局评定为“突破重大技术瓶颈，且整体产品水平达到国际主流水平”，获得 200 万元支持。与中科院广大华南计算技术研究所开展产学研合作，致力于智能工厂顶层设计。与德国汉诺威机器人学院海外唯一品牌授权使用机构——佛山机器人学院开展高端国内技术合作。与中科院广大华南计算技术研究所合作的“智能家居五金冲压机器人生产车间无人化升级改造及示范应用”获得佛山市科技项目支持。目前在模具、机械手、机器人、非标设备及智能生产线等领域专利申请量达 116 项，其中发明申请 46 项（11 项授权）、实用新型申请 66 项（59 项授权）、外观设计申请 4 项（授权），另有 4 项软件著作权。制定各类标准 31 项，其中主导 13 项企业标准（其中 4 项企业标准分别获得 2017 年度、2019 年度、2020 年度、2021 年度佛山市技术标准战略专项资金支持）的制定，主导“摆臂式冲压上下料机器人”佛山市团体标准和联盟标准制定各1项，参与团体标准和联盟标准制定各8项。标准技术涵盖模具、机械手、机器人及智能制造生产线，入选佛山市2020年首批佛山专利转化标准试点单位（15家之一）。

三、市场竞争力情况

该公司处于产业链上游，且业务领域贯通整个产业链，现已开辟了埃及、印度、欧美等国外多个销售市场。与美的集团、奥克斯空调、海尔、海信、格兰仕、广汽本田、星徽精密、欧派等知名企业建立战略合作伙伴关系，服务领域遍及家电、3C、汽车、家居五金等行业。研发省级首台套产品成功入库，目前已进入量产阶段。本产品深研空调压缩机壳体结构和模具工艺，从顶层进行精益化设计，通过攻克多工位扩管、侧冲孔、焊接等“卡脖子”工艺，开发替代进口专机，实现一个流自动生产，并获得多项发明专利授权，已经应用到国内美的空调生产，用工人数由60人减少至8人，效率由2 400套提高到4 800套，并且满足多款不同规格产品的柔性生产。利用“构建材料、加工、模具、机器人与智能制造全产业生态链优势”，助力康宝打造国内首个消毒柜智能工厂。未来，该公司将致力于建设五金、注塑模具行业标杆工厂以及打造集“展览展示、实训教学、数智生产”于一体的共享智能工厂，通过共享厂房设施、技术人才、智能装备，一方面为行业客户提供整体方案展示、OEM、设备租赁、技术输出等“共享”服务，另一方面也能契合公司承担省、市教育部门“产教融合”“智能制造公共实训中心”工作的高端定位，赋能产业人才高质量培育。

案例 16
广东富华铸锻有限公司

"

该公司主要生产轮毂、制动鼓、桥壳等车轴零部件铸件，以及各型号集装箱角件，取得了中国 CCS、美国 ABS、法国 BV、德国 GL、英国 LR 等国家船级社的工厂认证证书，是中集集团、马士基集团、新华昌集团、富华机械集团的主要供应商。

"

一、经营总体情况

该公司成立于2004年，位于江门市新会区沙堆镇，是一家有着近二十年历史的大型合资铸造企业，主要生产轮毂、制动鼓、桥壳等车轴零部件铸件，以及各型号集装箱角件。其中轮毂、制动鼓为主导产品，主营产品均拥有自主知识产权。2020年，在职员工1 643人，全年产值133 276万元，主营业务收入133 077万元，利润总额22 890万元，上缴税金9 602万元。2013年公司首次通过了高新技术企业认定，2016年、2019年两次顺利通过高新技术企业重新认定。公司已通过ISO9001、IATF16949质量管理体系认证，并严格按照体系要求控制管理，保证了产品质量的可靠稳定。公司同时取得了中国CCS、美国ABS、法国BV、德国GL、英国LR等国家船级社的工厂认证证书。

二、创新驱动发展情况

该公司自成立以来，一直以打造绿色铸造车间为目标，不停探索各类先进技术在铸造行业的应用。拥有专业研发人员216人，占职工总数的13.15%，其中中级职称43人、高级职称8人，涵盖了模具设计、铸造工艺、型砂、熔炼等专业领域。2018—2020年研发投入分别为6 489万元、4 206万元、5 791万元，占销售收入比例分别为4.92%、3.48%、4.35%。近几年获得授权专利82项，其中发明专利5项、实用新型专利71项、外观专利6项，全面覆盖了公司的主要产品。

为加强科技人员在科技创新、成果转化、新产品开发等工作中的项目意识，提高科研项目管理的效率和效益，制定了《科研项目管理制度》，明确了项目立项、实施方案、实施进度跟进、项目经费管理的管理流程和工作开展机制。为了加强研究开发经费的管理，促进公司经济效益的提高，结合公司的实际情况，特制定《研发投入核算及财务管理制度》，安排年度研发费用预算。

为积极推动产业技术创新，增强公司产品竞争力，该公司制定了《产学研合作管理办法》。根据技术发展需要邀请高校共商或自行提出产学研合作课题，近几年持续与华南理工大学、暨南大学、五邑大学等高校针对新技术、新产品专题共同进行研究，并将研究成果按合同约定转化应用，促进公司经济效益的提高。2015年，该公司组建的研发中心被认定为“广东省专用车及商用车零部件铸锻（富华）工程技术研究中心”。研究中心决定公司的研究和发展方向，协调相关科研机构的技术合作及内部合作，推行科学、民主的管理模式。制定《科研仪器设备管理办法》，实现科研项目的制度化和科学化管理，保证科研项目的顺利实施，获得科研成果。

为提高企业的科技成果转化能力以及研发人员投入研发创新的积极性，公司制定了《技术成果奖管理办法》和《技术成果奖励办法及流程》，运用科学的管理手段，提高了项目科技成果的转化率，促进了公司科研水平的提高。同时，制定了《创新项目管理制度》，建立创新创业平台，激励全体员工进行技术创新，连续四年参加新会区创新创业大赛均获得了优异成绩。为提高科技研发人员的技能水平，制定了《科技人员培养计划策划书》，除了公司内部培训外，还邀请行业内顶尖的技术专家对公司技术人才进行技能培训。同时，为了激发科研人员参与研发工作的积极性，制定了《科研人员绩效考核制度》，规范科研管理。除了常规薪资及年终奖以外，每年拿出近百万元奖励在公司科研进步中做出突出贡献的部门和个人，充分调动广大职工特别是科研人员的积极性和创造性。

三、市场竞争力情况

该公司主要给富华机械集团内供应各类铸造零部件毛坯，包含轮毂、制动鼓、桥壳等底盘车轴零部件和各类集装箱角件铸件。除了部分集装箱角件会外销给中集集团、马士基集团、新华昌集团等国内集装箱生产商外，其他产品均内销供给富华机械集团使用。富华机械集团是世界领先的商用车车桥制造商，是备受主流市场信赖的公路用车专用零部件制造商。产品质量和各项技术指标达到美国、欧盟、澳大利亚及其他多国标准，产品远销60多个国家和地区。其中，在国内挂车桥市场，富华车桥占据市场份额超过70%。2017年，该公司自行规划设计的制动鼓全流程自动化生产线投产。该生产线达到国际先进水平，实现从配料、熔炼、铁水运输、浇注、造型、铸件冷却、抛丸处理、打磨、浸漆到包装的全程自动化控制，整个生产过程中铸件不离线、不着地。每小时生产170箱以上的效率已达到国内静压造型线平均水平的2~3倍。由于整个生产线高度自动化，人工干预少，大大降低了因为工人操作不当而导致的产品质量问题，生产工艺稳定性得到极大提升，整条生产线的平均废品率已经降到0.1%以下，远低于行业平均水平。同时，由于自动化程度的提高，该项目需要的工人数量也大大减少，投产后，年人均产量超过500吨，是行业平均水平的数倍。借助于该项目的投产，公司2017年产量首次突破20万吨，当年营业收入12.5亿元，相对于2016年的5.65亿元，同比增长121%。参照该项目的成功经验，公司将原有老旧车间进行系统化技术改造，提高车间自动化水平。

案例 17
广东胜大科技有限公司

胜大科技
SHENGDA TECHNOLOGY

该公司是国内最早致力于研究、开发和生产制鞋成套设备的高新技术企业之一，产品技术含量和品质均处于国内鞋机同行业领先地位，拥有阿迪达斯、耐克、匹克、特步、乔丹、印尼泰光等国内和国际驰名品牌在内的一大批长期忠实合作伙伴。

一、经营总体情况

该公司成立于2015年，是国内最早致力于研究、开发和生产制鞋成套设备的高新技术企业之一。公司自成立以来，以“科技创新、精益智造”为经营宗旨，悉心倾听客户需求，潜心创造智能技术，精心构筑产品质量，诚心提供满意服务，在积极引进管理和技术人才的同时不断提升现代化管理理念，加强研发投入、研发新产品和改造传统产品，打造企业技术创新优势，形成和建立了整厂生产线设备、成型设备、定型设备、打粗设备、热熔胶设备、针车设备、裁断设备、压烫设备以及配套辅助设备九个系列的智能自动化产品群和鞋机整厂解决方案。目前拥有8项发明专利、51项实用新型专利、1项外观专利和4个鞋机自动化软件著作权，产品技术含量和品质均处于国内鞋机同行业领先地位。多年以来公司诚信、务实、创新的经营作风为其在国内和东南亚市场积累了良好的信誉，赢得了包括阿迪达斯、耐克、匹克、特步、乔丹、印尼泰光等国内和国际驰名品牌在内的一大批长期忠实合作伙伴，为企业的发展奠定了坚实的市场基础。

二、创新驱动发展情况

该公司主要技术方向是智能、节能环保设备创新。在2020年底，建立了完整的项目研发管理制度和系统流程，能有效辅助项目全过程管理和控制，使项目真正实现可控化、零风险、高效率、低成本。

该公司建立了一整套项目激励机制，以此激励各位研发人员努力创新、勇于创新、实现个人智慧价值的同时达成企业与个人的共赢。鼓励大家努力创新的同时积极为国家多做贡献，多搞知识创新，掌握核心技术、申报国家专利，为实现企业长足发展打好技术基础。计划研发人员在总职工中的占比为16%（计划研发人员20人，总职工125人），计划扩大研发团队，由原来的0.3%提升到10%。计划引进人才类型及数量：机械研发工程师 6～8 人；电控工程师 2～3 人；软件研发工程师 2～3 人；视觉研发工程师 1～2 人；市场调研工程师、助理工程师及技术员 8～10 人；年度研发经费预算拟同比提高 50%。拟将原先的技术研发部直接升级为研发中心，配备 10～15 位本科以上专业人才。

三、市场竞争力情况

该公司处于国内及全球产业链中游，在国内及全球产业链中居中等水平。2020 年，因受疫情影响，国内外业务均出现一定程度的萎缩。2020 年国内主要产品为流水线、除皱机、工业缝纫机、定型机、烘箱等；2020 年国外主要产品为单层生产线、成型流水线、压底机、冷冻机、定型机、划线机、活化机、上胶机、打粗机、烘箱等。

该公司国外市场占有率为 0.01%，与国内供应链合作伙伴保持良好的关系。其中，知名供应商有众业达电气、广东达源、江苏九州、潮安永钿、天津君诚、饶平永信达、福建福泰、饶平新丹丰、温州鼎亚、东莞天元、深圳大西洋、晋江鸿兴等；知名客户有印尼泰光，以及中国的莆田鑫龙、河南隆祺、福建百纵、福建步峰、长川制靴、利郎（中国）、沂南泰和、宁波慈星、福建华闽、厦门福立、上海希玛、云南宏发等。

案例 18
广东拓必拓科技股份有限公司

TUOBITUO

该公司是阳江五金刀剪龙头企业，致力于新材料、新工艺研制和应用研究，填补国内刀具粉末钢生产应用的空白，拥有国际高端户外刀中国品牌“KIZER”、广东省名牌产品“拓牌”厨刀两大核心自主品牌。

一、经营总体情况

该公司成立于2009年，位于阳东万象产业转移工业园区（省级工业园），面积约25 000平方米，是阳江五金刀剪龙头企业。2016年11月21日正式挂牌新三板，后因资本战略调整，在2021年第一季度退出新三板，拟于创业板上市。荣获“阳江市五金刀剪龙头企业”“国家高新技术企业”“国家知识产权优势企业”“广东省知识产权重点保护企业”“广东省创新型企业”“广东省高成长企业”“广东省博士工作站”“广东省工程技术研究中心”“广东省企业技术中心”等称号。拥有健全的公司管理标准体系，已通过ISO9001、ISO14001、OHSAS18001、知识产权管理规范体系认证，并获得BSCI社会责任认证、NSF认证。

该公司科研创新成果的取得及转化为产品赢得市场提供了极大的技术支持和优势，近年主营业务收入、利润总额、净利润等财务数据均呈快速增长态势，具有良好的经济效益和社会效益，年均增长率均高达20%以上。近年的主要财务经营数据如下：

年份	主营业务收入/万元	利润总额/万元	净利润/万元	纳税金额/万元
2017年	8 836.01	208.45	220.42	405.57
2018年	13 344.25	799.95	740.21	470.75
2019年	12 688.91	864.64	787.59	450.39
2020年	16 982.76	869.82	846.49	188.61
年均增长率	24.33%	60.99%	56.60%	—

二、创新驱动发展情况

在阳江五金刀剪企业普遍为国外公司代工的大环境下，该公司非常注重品牌建设，每年研发费用投入达到该年度销售额的4% ~6%，2017年研发费用532.02万元，占销售额比率6.02%；2018年研发费用561.62万元，占销售额比率4.21%；2019年研发费用558.65万元，占销售额比率4.40%；2020年研发费用950.70万元，占销售额比率5.60%。大力加强创新基础设施的完备，提升科研创新能力，为刀剪新产品、新技术开发创新提供了扎实的基础条件，建立有3 000多平方米科研开发场所，包括产品研发中心约800平方米，产品检测中心约200平方米，试验车间2 000平方米。

2018年引进热处理技术创新团队专业人员6名，2019年引进刀剪用粉末钢研究与应用创新团队专业人员5名，承担多项刀剪用关键技术研究及应用。现有各类科技研发人员68名、高级工程师17名，其中内部高级工程师7人，引进柔性专家13名。其中博士10名、硕士2名、本科23名，具备博士学历人员占科技研发人员15%，大专以上学历占比75%。2013年建立拓必拓不锈钢刀工程技术研究中心，2018年被评为广东省工程技术研究中心，2018年公司全资子公司阳江拓必拓工业技术研究院有限公司被认定为广东省新型研发机构，2019年公司企业技术中心被认定为广东省企业技术中心，2020年公司被认定为广东省博士工作站。为促进技术中心的良好发展，该公司从人才培养、激励措施、财务管理、科技费用保障、创新机制、产学研合作等方面着手，制定了一系列行之有效的制度，如《技术中心管理制度》《科技项目研发管理制度》《研发资金管理办法》《研发投入核算财务制度》《产学研合作管理办法》《科技成果奖励办法》《研发人员绩效考核奖励办法》《职工技能培训制度》《优秀人才引进制度》《人才绩效评价奖励制度》等。

该公司先后与武汉理工大学、浙江大学华南工业技术研究院、用友等高校、研究机构对接，建立产学研用战略合作关系。2016 年底，与武汉理工大学签署了《共建刀剪先进制造协同创新中心协议》，共建拓必拓刀剪先进制造协同创新中心，在新材料的应用、新工艺、热处理标准规范、智能加工设备研发等方面合作攻关。2018 年注册阳江拓必拓工业技术研究院有限公司（全资子公司），负责协同创新中心运作，促进公司技术创新，推进阳江刀剪技术发展。为突破研制瓶颈，填补国内刀具粉末钢生产应用的空白，拓必拓与武汉理工大学、安泰科技联合开展产学研用合作，致力于新材料、新工艺研制和应用研究，开展“刀具用粉末钢研究和应用”“粉末冶金大马士革钢制备工艺研究及应用”“高纯净粉末制备技术和装备开发研究”“超高合金粉末冶金钢板轧制工艺控制与优化”等项目研究，进而实现高性能、高性价比粉末冶金材料的推广应用和国产化，为行业内刀剪生产企业提供先进材料、技术和服务，逐步推动刀具高端粉末钢等高端冶金材料逐步替代进口材料。

目前公司已授权的专利共 238 项，有效专利 204 项，其中有效发明专利 12 项、有效实用新型专利 34 项、有效外观专利 158 项。

三、市场竞争力情况

该公司的产品设计采用行业首创、以市场需求为导向的“全球化开放式设计师合作 + 内部多元化设计团队”双结合的模式，把全球优秀的产品设计方案，与阳江本地高度聚集的产业链优势有机地结合起来。只有采用国际化、多元化的设计模式，才能更好地设计出适合不同区域文化的优秀产品，这是公司全球化经营的核心竞争力之一。公司产品已先后荣获汉诺威工业（IF）设计奖最高荣誉 GOLD AWARD（IF 金奖，被誉为设计界的奥斯卡奖）、BLADE SHOW（美国国际刀展）年度最佳厨刀、SHOT SHOW（美国狩猎枪支户外用品展）最佳户外折刀奖、中国好设计优胜奖、中国红棉设计奖等国内外工业产品设计大奖。另外，公司研发设计的多款厨刀产品常年在亚马逊平台上位列最畅销产品（Best Seller）和亚马逊之选（Amazon's Choice）。

该公司拥有国际高端户外刀中国品牌“KIZER”、广东省名牌产品“拓牌”厨刀两大核心自主品牌。“拓牌”不锈钢厨用刀具被广东省工商局授予“广东省著名商标”“广东省名牌产品”称号。2017 年在国内线上销售突破 2 000 万元，2020 年国内线上销售额为 3 139 万元，国内年销售收入复合增长率高达 56%；出口“拓牌”产品销售价格厨刀品牌为 25 ~ 30 美元，年销售收入复合增长率高达 45%。

“KIZER”品牌折刀是目前国际高端户外刀具知名度最佳的中国户外刀品牌之一。“KIZER”折刀以美国进口粉末钢为材料，产品通过了 LFGB、FDA 国际机构认证，产品的选材、质量、性能均处于世界前列水平，在国外售价达 60 ~ 300 美元（折合人民币 400 ~ 2 000 元），产品售价是普通折刀的 10 ~ 50 倍，毛利率平均处于 40% ~ 60% 区间，产品的附加值居地区同行业前列。

案例19
广东星徽精密制造股份有限公司

该公司专业研发滑轨、铰链及其他五金配件产品与智能化制造装备，于2015年在创业板上市交易，是国内家居五金行业首家上市的集研发、设计、生产、销售及服务于一体的高新技术企业。营销网络遍布全国各省区市、出口欧美及东南亚等60多个国家和地区，在广东省及国内的滑轨市场占有率排名第一。

一、经营总体情况

该公司成立于1994年，拥有中国（广东顺德、清远和江苏泰州）、意大利（博洛尼亚、米兰）共5个生产基地，3个技术研发中心（中国顺德、深圳和意大利），凭借行业领先的研发能力、先进的制造技术、高度自动化的生产设备、集成的信息化管理系统，始终专业研发滑轨、铰链及其他五金配件产品与智能化制造装备，于2015年6月登陆深交所创业板上市交易，是国内家居五金行业首家上市的集研发、设计、生产、销售及服务于一体的高新技术企业。先后收购家居、家电领域的CMI集团、DONATI S. r. l和深圳泽宝电子，形成“精密制造+跨境电商”双轮驱动的业务格局，实施国际化和多元化发展战略，探索营销创新模式。公司跨境电商业务旗下拥有三大国际品牌：VAVA、TaoTronics、RAVPower；品类以智能视频图像类、智能家居类、音频类、家电类以及电源类为主。通过深耕二十多年的技术开发与全球并购活动，公司综合竞争实力得到大幅提升，先后被认定为国家高新技术企业、广东省工程技术研究中心、省级企业技术中心、广东省知识产权示范企业、国家知识产权优势企业、广东省出口名牌企业、广东省创新型试点企业；“SH－ABC”品牌滑轨、铰链被评为广东省名牌产品；发明专利“一种滑轨装配机”获中国专利奖优秀奖。

公司2018—2020年经营情况如下表：

年份	2018年	2019年	2020年
主营业务收入/万元	47 253.24	26 560.71	27 029.63
出口总额/万元	23 030.85	10 711.11	11 101.67
净利润/万元	－394.34	66.64	－4 849.51
实际上缴税费总额/万元	890.87	501.91	1 425.57
研发投入占比/%	3.02	4.20	5.26

（续上表）

年份	2018 年	2019 年	2020 年
科技活动人员占比/%	19.59	14.73	17.38
硕士人数/人	3	3	4
当年拥有有效专利/件	135	178	200
其中：发明专利/件	8	8	12
实用新型专利/件	125	168	186
外观专利/件	2	2	2
产学研/委外开发金额/万元	0	0	400

注：此表为单体经营情况，其中2020年受并购影响，相关财务费用增加。

二、创新驱动发展情况

2018—2020 年，该公司累计投入 3 964.2 万元（占营业收入比例 3.93%）进行企业科技研发，通过机器人换人、智能制造和柔性生产，标准化精密模具开发的智能制造方向及视频图像分析处理、美妆个护和小家电等智能产品研发方向，累计实现新产品落地 20 项，实现新产品销售 9 653 万元。公司注重知识产权的保护，通过项目研发过程关键技术的公开，累计专利申请 104 项、注册商标 35 项、授权专利 200 项，其中授权发明专利 12 项。公司充分运用知识产权融资手段，2020 年实现知识产权独占许可融资 3 000 万元。在精密五金领域，为打破国外高端产品上翻门系统铰链的技术壁垒，2019 年与意大利子公司进行人员互培期间，就上翻系统的产品进行了资源的共享与深度交流，并联合江苏星徽进行技术联合开发。目前该项目已进入落地转化阶段，产品柜体宽度 1 200mm，深度 200mm，最大负载门重达 10kg，能实现最大打开角度 107°，且具有任意角度悬停及轻柔开关门功能，同时面板可快速拆卸，实现六方位调节，为消费者提供最全面、最舒适的使用体验。积极推行自动化改进、技术创新和管理创新，建立多层次的激励制度，鼓励员工积极主动参与企业的品质、效率、成本、生产现场、自动化改进等各项改善和创新活动，形成了鼓励创新的机制和氛围。近三年共奖励项目（除优秀员工、优秀团队、常规奖励、销售精英奖外）约15个，共有100多人获得约30万元奖励。

三、市场竞争力情况

该公司通过建立供应商品管跨公司项目组辅导供应商进行品质改良，运用QC、IE、精益改善方法和工具进行系统的改善和提升，为供应商提供技术支持和管理支持，改善供应商管理能力，实现上下游企业双赢。根据公司战略发展的需要，公司先后与惠尔浦、美的、三星、格力、全友家私等世界知名企业建立合作关系，在同行业中居于领先水平。

2018年受中美贸易战影响，公司通过加强市场研判、调整产销结构，加大国内代理商渠道建设，扩大线下与线上B2B销售网络覆盖面，多渠道保证市场和客户需求。同时积极开拓大客户业务，通过引入大客户调整客户结构与市场定位，近年成功开发了美克美家、美的灶事业部、欧派、格力等知名大客户，逐步实现国内区域营销比例的倾斜。为实现“成为全球领先的家居五金产品制造商”的愿景，公司从2017年始布局精密五金全球工厂，通过对国外精密五金的研发与应用背调，灵活运用各种资本、金融融资手段，在顶尖精密五金生产工厂中选择CMI集团和DONATI S. r. l公司进行并购重组。

该公司通过了ISO9001、ISO4001体系认证、美国BIFMA认证，FSC森林认证，国际品质SGS认证，营销网络遍布全国各省区市，产品出口欧美及东南亚等60多个国家和地区，其中三节隐藏式缓冲滑轨、重型钢珠轨、美式铰链等产品主要销往国内华南、华北及美国、欧洲、泰国、日韩等国家及地区，销售占比约75%。中国五金制品协会家居数据统计显示，公司近三年在广东省及国内的滑轨市场占有率较为突出，市场排名均为第一。

案例 20
广东依明机械科技有限公司

"

该公司集自主研发、设计、制造、销售、贸易为一体的高端智能设备制造商，产品技术创新水平在国内同行业中名列前茅，市场覆盖全国 34 个省区市，远销德国、日本、美国等国家，是国内首家将“中国创造”的联动机械设备出口德国的企业，“依明机械”已经在海外各大展会中成为代表行业内中国创新机械制造水平的品牌。

"

一、经营总体情况

该公司成立于2015年，是一家集自主研发、设计、制造、销售、贸易为一体的高端智能设备制造商，占地面积50亩，建筑面积约25 400平方米。该公司主营业务是通过技术创新自主研发、生产各种性能先进的包装材料生产设备、食品阻隔纸生产设备、动力电池隔膜生产设备、太空能智能烘烤设备。2021年，该公司资产总额为15 947万元，其中净资产4 915万元；销售总额为7 160万元，其中主营业务收入7 104万元；成本总额为6 075万元，其中研发费用总额405万元；利润总额为1 009万元，其中纳税总额349万元。2018年、2021年两次获得高新技术企业资质。

二、创新驱动发展情况

该公司自成立以来，十分重视科技创新和科技合作，拥有开拓能力强和专业知识水平高的团队，拥有核心科技人员11人，占公司总人数的10%以上，高层管理人员均为高学历人才。该公司采用人性化管理模式，对管理和科研人员按不同情况安排学习实践，与企业同发展、共提高。公司以创新设计与创新服务为理念，引导和管理科研人员开展工作，不断开发出适应市场需求、满足特定领域需要的产品。研发方向紧紧围绕“双碳”“限塑”，主营产品紧跟政策，具有极好的发展前景，符合国家重点支持的高新技术领域要求，并取得了良好的社会效益和经济效益。该公司建立研发中心，明确组织体系，制定相关制度，配置相应的设施和设备。同时为提高研发人员积极性，制定了绩效考核和奖励制度，现已达到预期要求；为增强核心竞争力，提高员工的创新能力，公司建立了绩效考核制度、培训制度和人才引进制度，使公司的技术创新发展有了更有力的保障。该公司自2018年、2021年通过高新技术企业认定后，严格按照高新技术企业要求规范研发体系，科技研发也符合科技型中小企业要求。该公司员工总数 105 人，研发人员 18 人，占该公司总人数的 17% 以上，符合高新技术企业及科技型中小企业要求。该公司近三年研发立项总计 18 项，上一年度研发费用总额 405 万元，占上一年度销售总额 5.6% 以上，符合高新技术企业及科技型中小企业要求。该公司重视知识产权保护，已获得授权的知识产权有发明专利 6 项、实用新型专利 17 项、软件著作权 3 项，另外，已受理的专利申请有发明专利 10 项、实用新型专利 3 项。近三年提交并申请发明专利 10 项、实用新型专利 14 项、软件著作权 3 项。

公司研发产品项目情况如下表：

序号	研发产品/项目	基本情况
1	太空能智能烘烤设备	该公司在 2019 年初组织技术骨干力量，投入大量研发经费，对烟草烘烤设备的环保、节能进行系统、反复的研究、优化。在 2019 年第三季度成功研发出烟草烘烤行业当中具全新理念的智能烘烤设备——太空能智能烘烤设备。该产品经过皖南、德宏州烟叶烘烤基地的公开实际烘烤，均取得了成功。在 2020 年河南省组织的烟叶初烤公开性能比赛中，该公司产品采用“太阳能 + 热泵”作为热源以及程序化的系统自动调控方式，使该产品实现了零排放、智能化以及比传统烘烤方式平均节约 48% 能耗的烘烤，烟叶烘烤成品率大幅提高，比赛综合排名名列前茅；在 2020 年全国烟草烘烤第一批试点投标中，取得了第二名的中标金额，使用该产品的烘烤结果均赢得了招标单位、其他参投标单位的一致好评，成为示范学习的对象。
2	食品阻隔纸生产设备	紧扣限塑行业发展方向，该公司成功研发出新型、环保的食品阻隔纸生产设备，该设备所生产的产品为水性涂料无污染食品卫生级包装材料，且属高阻隔食品包装材料，完全取代膜类包装材料，符合国家限塑政策导向，该产品市场前景非常广阔，现已推向市场，得到首批用户的高度肯定。

（续上表）

序号	研发产品/项目	基本情况
3	动力电池隔膜生产设备	围绕新能源动力电池行业的大发展趋势，攻克了高精度浸涂、挤出涂布的技术难点，使涂布面均匀性达到工艺技术要求；采用气浮式干燥箱，外置加热和箱内加热组合方式，使烘箱温度达到设计标准。该公司研发团队成功研发出动力电池隔膜生产设备，该产品进口替代性强，现已通过客户的使用验证。
4	VOC 尾气回收项目	围绕 VOC 尾气如何更好地回收，该公司已布局、研发多年。该项目主要是将排出的 VOC 尾气收集后，通过水冷换热器降温，然后通过制冷机两级温度冷却后变成液体收集，使排放出来的气体符合直接排放标准。

三、市场竞争力情况

该公司产品技术创新水平在国内同行业中名列前茅，机械设备获得 20 多项国家发明专利、实用新型专利与软件著作权。该公司实行现代化的管理模式，以瞄准高端市场、科技兴业、竞速品牌为经营定位，以国际领先的技术、一流的品质、优质的技术服务、坚持“以人为本，科技兴业，诚信经营，精塑品牌，为用户获取最大利益”的经营理念，以成为世界一流包装机械企业为发展宗旨，以“理想、坚持、团结、严谨、创新、共赢”为企业文化，在产品研发和技术工艺上立足于引领和顺应环保节能的国际消费趋势，致力于发展环保包装材料生产设备、动力电池隔膜生产设备、智能烘烤设备。市场覆盖全国 34 个省区市，远销德国、日本、泰国、印度、美国、俄罗斯、亚美尼亚、意大利、英国、土耳其等国家。近年来，依明机械各项运营指标呈稳步上升趋势、客户信誉良好，在研发创新、内部管理、经营销售各方面均取得了令人瞩目的成就，成为国内同行业中的领衔型民营科技企业。该公司是国内首家将“中国创造”而非“中国制造”的联动机械设备出口德国的企业，“依明机械”已经在海外各大展会中成为代表行业内中国创新机械制造水平的品牌。该公司重视管理水平提升，不断优化组织架构，为多层次的人才搭建了良好的发展平台。

案例 21
江门市宏力后视镜实业有限公司

该公司是一家能够独立设计开发、制造各款汽车后视镜的专业技术型企业，卡车后视镜品种数量在国内同行业中名列第一。国内业务部以大区模式划分为中原区域、西南区域等七大区域、各区域设立区域经理及分公司，目前国内设立了八家分公司。国际贸易部门已同近 50 个国家有业务合作往来。

一、经营总体情况

该公司成立于2003年，是一家能够独立设计开发、制造各款汽车后视镜的专业技术型企业，卡车后视镜品种数量在国内同行业中名列第一。通过了IATF 16949：2016国际体系及3C强制认证体系认证。公司具备强大的OEM开发生产能力，能满足国内外客户的多样化要求，可根据客户要求生产各种不同弧度形状的后视镜，为国内外多家汽车生产厂商配套，同时开发汽车灯具、雨刮以及雨刮电机等汽车安全配件。2020年，营业收入为18 152万元，利润为860万元，税收贡献为861万元，被评为纳税A级企业。自2017年起，被授予"国家高新技术企业""广东省汽车后视镜工程技术研究中心""江门市汽车后视镜工程技术研究中心"称号。

二、创新驱动发展情况

2018—2020年，该公司共开展研发项目19项，已全部完成并输出研发成果19项。公司根据市场需求，自行投资实施科技成果转化，形成新的产品和改进工装、提升效率品质的新工艺设备，大大提升了产能和品质，加工技术先进，取得了良好的经济效益。

2020年，职工总数为480人，其中科技人员60人，占职工总数的12.5%。核心团队由多年从事后视镜设计开发、工艺组装、电子电控等工作的技术人员和管理人员组成。为了使科技人员与公司共同发展，公司还建立员工技能培训机制，定期安排各级员工进行培训学习，提高员工的职业素养和研发专业能力。

2020年，研发费用投入合计816万元，占销售收入总额的4.5%。该公司以自有资金保障每年的科研活动持续开展，研发经费主要用于必要的基础建设、购置科研和测试用仪器设备、购置用于科研的原辅料、支付科研管理费用、支付科研人员工资等，每项研发费用支出都严格按照规章制度执行，确保每项资金的使用安全性和研发项目管理工作的规范性，充分调动研发技术人员的工作积极性。

该公司重视技术开发和创新，目前已获得 29 项专利，其中实用新型专利 13 项、发明专利 10 项、外观设计专利 6 项。近年来新型高性能安全汽车后视镜及车灯安全配件需求量不断加大，市场竞争十分激烈，只有拥有核心技术和知识产权，才能保证公司的产品赢得竞争，因此公司认识到知识产权的重要性，持续加强在技术开发和知识产权方面的投入。为增加知识产权的拥有数量，公司鼓励研发人员多挖掘技术并申请专利，还制定了《研发人员绩效考核与奖励制度》，明确奖励项目开发及技术成果转化，以激励研发人员做好技术开发和申请专利。

三、市场竞争力情况

该公司的国内业务部及国际贸易部均获得良好发展。国内市场进行大区布局并逐步下沉市场，成为后视镜及尾灯、边灯渠道最完善、可控性最强的企业。公司组建了专业外贸团队，以会展加本土化推介模式打开市场，目前处于上升期，在众多国家均开发了有实力的多品牌代言经销商。公司国内外渠道的团队配置及渠道下沉业务模式是竞争对手无法模仿和超越的，现基础扎实，短期内会迎来更大增长。

国内业务部以大区模式进行划分，分为中原区域、西南区域、华北区域、华南区域、华东区域、浙闽区域和东北区域，各区域设立区域经理及分公司。国内事业部销量基本策略为：提升车灯销售同时加强后视镜业务开拓投入；面对竞争品南北区域价格针对性下调抢夺市场；加强配套产出专人跟进；内部调整四个品类考核比重；加强轻卡类业务推进；加深经销商合作深度，开展“万元店”培育。该公司的组织架构和人员配置架构体系让公司快速拓展市场，目前商用车市场中仅该公司能够深入渠道控制终端市场。

目前国内设立了八家分公司，分别位于沈阳、济南、武汉、成都、界牌、义乌、合肥和南昌，覆盖国内主要汽配集散地，每家分公司独立配置车辆、司机、业务人员，持续性地进行市场拓展。在部分终端市场拓展实施“万元店”计划，为公司带来独有的渠道优势，为国内销售的飞跃提供坚实基础。“坐商”改为“行商”：经销商合同销量 = 网点数量 × 单位网点销售额。

车厂配套项目是该公司国内业务部门发展重心。2020 年，该公司后视镜产品配套车厂数量为 5 万套，主要配套重汽商用车、三一重工、一汽商用车、大运汽车、山东临工、四川王牌等主机厂车型。

该公司已同众多大型车厂建立稳定的供应关系，为车企提供开发、生产、保供服务，实力多车灯及雨刷产品正开发获得配套机会。

目前，该公司国际贸易部门处于快速发展期，已同近 50 个国家有业务合作往来。该公司是目前出口面最广的后视镜企业之一，车灯及雨刷出口量也处于逐步上升阶段。

案例 22
江门市琪顿卫浴实业有限公司

琪顿®

卓越品质 源自台湾
QUALITY CREATION FUTURE

该公司是一家集设计、研发、生产、销售于一体的综合性高端卫浴制造企业。秉承求变创新的经营方针，积极拓展国内外销售渠道，大力发展生产和 ODM、OEM 销售，从自主研发制造到组装成品一站式完成，曾荣获中国厨卫行业 OEM 之星奖项。

一、经营总体情况

该公司成立于2014年，是一家集设计、研发、生产、销售于一体的综合性高端卫浴制造企业。2020年实现销售收入3 420万元，同比增长5%，实现利润总额7万元，税收148万元，先后获得国家数十项专利（发明专利、实用新型专利及外观设计专利）。2017年及2020年相继得到国家高新技术企业认定资格，2018年荣获中国厨卫行业OEM之星奖项，专业的技术团队、卓越的产品品质和立体化的服务体系赢得了国内外客户的充分肯定。从自主研发制造到组装成品一站式完成，该公司大力发展生产和ODM、OEM销售，力求打造更强大的团队，秉承求变创新的经营方针。

二、创新驱动发展情况

该公司具有高标准的研发场地、各类试验设施和检测仪器，能为公司新产品的开发提供有力保证，确保所有产品都经过严格检验才出货；公司对于研发费用的投入非常重视，通过对项目预算进行合理评估、配置，从而为研发项目提供充足的资金保证。

该公司根据不断变化的市场需求，针对卫浴行业、领域的重大技术问题，在自主研发的基础上，结合技术的引进、消化、吸收和创新，不断提高公司的科技生产水平，并于2020年获得广东省技术改造投资项目备案证；为了加强知识产权保护工作，公司已经申请国家专利76项，其中发明专利1项、实用新型专利31项、外观设计专利44项；目前申请中专利22项，其中发明专利10项、实用新型专利7项、外观设计专利5项。

三、市场竞争力情况

该公司是集设计、研发、生产、销售于一体的综合性制造企业，目前国内销售占比88%。为扩大市场，公司制定了新的发展方向，在拓展国内销售渠道的同时，针对国外制订新的推广销售方案，以扩展国外销售市场。在材料资源渠道组织方面，公司一直坚持“多头并进，宁精勿滥”的原则，为保证资源渠道稳定和持续发展，公司对所有资源进行统一调配、管理、开发。

案例 23
江门市泰林精密机械有限公司

泰林
TAILIN

“

该公司由机械零部件加工逐步发展成为成套设备研发生产厂家，成功研发我国首台全自动插接设备及成套技术，打破国外垄断局面，填补国内空白，扭转外资网厂占领高速纸机市场的局面，助力高速纸机在中国的改造升级进程，为数千亿元造纸工业的发展提供有力支撑。

”

一、经营总体情况

该公司成立于2013年，由机械零部件加工逐步发展成为成套设备研发生产厂家。2019年通过高新技术企业认定，依托博士后创新实践基地，在2017年开始研发我国首台全自动插接设备及成套技术，目前已获得成功，打破国外垄断局面，填补国内空白。公司拥有发明专利3项、实用新型专利18项。

该公司打破奥地利WIS公司全球垄断的局面，通过全自动插接设备在国内的应用，加快国内网厂产品升级，使得造纸网能适用于高速纸机，扭转外资网厂占领高速纸机市场的局面，助力高速纸机在中国的改造升级进程，为数千亿元造纸工业的发展提供有力支撑。

二、创新驱动发展情况

该公司建立员工持股平台，平台持有公司25%股份。员工按照岗位业绩评级，在平台中享受企业经营成果。建立联合研发机构，充分发挥高校和科研院所的研发优势，结合企业的实际市场需求，快速实现成果转化和产品研发。该公司先后与广东工业大学共建博士后创新实践基地，与广东省科学院智能研究所下属单位共建联合技术中心，与五邑大学共建研究生工作站。

该公司设有研发中心，拥有专职研发人员：教授级高工1人、博士后1人、硕士3人、行业资深工程师3人；兼职研发人员：博士4人、硕士3人。已申请发明专利3项、软件著作权4项、实用新型专利18项。申请中发明专利4项、实用新型专利8项、软件著作权3项。

三、市场竞争力情况

我国是造纸大国，在高速造纸机械及相关生产设备中技术滞后，行业高端设备全部为国外进口产品，该公司设备将实现国内造纸机械配套使用设备的国产化，填补国内空白，替代进口设备，并走向出口。设备的产业化，将大幅降低造纸网行业的设备购置成本，提升造纸网企业的产品性能。进口插接设备大约500万元/台，该公司设备则降低到约400万元/台；同类型设备，全世界仅奥地利一家公司生产，设备售后配件及维修服务缓慢，价格高昂；进口织造设备约2 000万元/台，该公司设备则降低到800万~1 000万元/台。产业化推行该公司设备，可大幅提升我国造纸网企业的产品质量，满足高端造纸网生产的需要，为高速纸机提供有效的产品支持，对低能耗高速纸机进一步普及产生积极影响，推动每年上千亿元的包装纸、文化用纸、薄页纸张、生活用纸张的生产。

通过该公司设备生产的造纸网产品可以提升高速纸机的生产效率和质量，纸机效率提升40%以上，单位造纸能耗降低约40%，污染排放减少60%以上。该公司与广东省科学院智能研究所、广东工业大学、五邑大学联合开展科研开发、技术转化项目，充分发挥专家学者在研发领域的优势，结合行业企业发展的需要，进行技术攻关，对产业升级具有积极示范意义。我国造纸工业改造、新建1 000米/分钟以上高车速纸机必须采用自动插接技术，全自动插接设备对降低造纸单位能耗、提升纸机效率具有直接的支撑作用。普及国产全自动插接机可降低造纸成本，推动造纸网行业和造纸工业的升级进程。

案例 24
江门市振达机械制造有限公司

该公司是一家集机械设备、电气、自动化控制、非标钢结构等方面的设计、制造、安装和调试为一体的综合型企业，主要在散料输送特别是粮食仓储系统机电工程施工领域形成了自身独特的技术优势，曾荣获中国安装工程优质奖——中国安装之星。研发拥有自动清理功能的自清式斗式提升机，减少了人工清料次数和清理量，拥有广阔的发展前景，在粮食仓储项目中得以应用。

一、经营总体情况

该公司成立于2005年，是一家集机械设备、电气、自动化控制、非标钢结构等方面的设计、制造、安装和调试为一体的综合型企业，主要为粮食仓储、粮食物流、粮油加工、港口矿石煤炭堆场等散料输送系统提供产品设计、研发、生产、系统集成及总承包服务。2018—2020年均营业收入超8 954万元，年均利润超224万元，税收贡献合计2 094万元，提供就业岗位近200个，为扩大社会就业做出应有的贡献。连续多年被评为“先进企业”“重合同守信用企业”“AAA+”级资信企业；获得中国机械设备制造十大畅销品牌、中国著名品牌重点推广单位、安全生产标准化三级企业、广东省高新技术企业、科技型中小企业等殊荣，配套设置了广东省级、江门市级散料输送机械工程技术研究中心，通过了ISO9001质量管理体系认证、ISO14001环境管理体系认证及ISO45001职业健康安全管理体系认证；先后加入了煤炭网、中国粮油学会粮食物流分会、中国港口协会筒仓与散粮运输分会、中国重型机械工业协会带式输送机分会、中国机械工程学会物流工程分会连续输送技术专业委员会、全国港口标准化技术委员会等组织并成为会员，其中在中国粮油学会粮食物流分会、中国港口协会筒仓与散粮运输分会为副会长单位。

二、创新驱动发展情况

该公司主要在散料输送特别是粮食仓储系统机电工程施工领域形成了自身独特的技术优势，具有丰富的散料输送系统集成经验、强大的散料输送系统细化设计能力及产品研发能力。公司在职人员有180人，其中从事研发和相关技术创新活动的人员达30人，占比超过16%。有针对规范研发组织工作的《研发立项管理制度》《研发经费投入与核算管理制度》和《创新创业平台管理制度》；也有为提高企业整体研发水平而建立的《科技人才引进管理制度》《产学研合作管理办法》和

《科技研发人员技能培训管理制度》；还有激励相关研发创新活动的《科技成果转化的管理与奖励制度》《研发人员绩效管理制度》《研发人员绩效考核管理办法》和《专利提案激励管理制度》，制定并落实每年的研发经费预/结算工作，其中：2018 年研发总投入 326 万元，占当年营业收入的 12%；2019 年研发总投入 433 万元，占当年营业收入的 4%；2020 年研发总投入 586 万元，占当年营业收入的 4%。配置广东省散料输送机械工程技术研究中心、江门市散料输送机械工程技术研究中心两个研发机构；承担市科技项目如“智能化无人操作集装箱开、闭装置的研发”“移动式抑尘漏斗的研发”等 23 个研发项目；分别于 2019 年、2020 年与上海海事大学、太原理工大学建立了产学研合作关系。拥有有效发明专利 1 件、实用新型专利 37 件；实审阶段发明专利 13 件。在公司强大的技术创新驱动下，先后研发了全密封带式输送机、全密封多点卸料带式输送机、粮食网带初清筛、粮食降碎装置、防粮食自动分级装置、散料快速装车系统、集装箱装卸散粮系统等一系列专利产品。

三、市场竞争力情况

该公司深耕国内粮食仓储、粮食物流、粮油加工、港口矿石煤炭堆场等领域已有 20 多年，拥有丰富的机械设备、电气、自动化控制、非标钢结构等方面的设计、制造、安装和调试经验。公司业务遍布全国，具备承担 12 亿元的年工程施工能力，为了能迅速响应客户需求，公司在东北、华北、华东、西南等地设有常驻办事机构，先后为广州港、大连港、营口港、日照港、盘锦港、中储粮、中粮、深粮集团等企业 130 多个项目提供机电设备及配套件的设计、采购、制作、安装、系统调试服务。其中中储粮镇江粮油有限公司项目大豆散料输送系统机电 MEC 工程、广州港集团南沙港区粮食及通用码头项目粮食泊位机械设备供货与安装工程分别荣获中国安装工程优质奖——中国安装之星。目前，粮食仓储正向投资少、多品种储存、低能耗、高仓容、减轻人力等方面发展，为此，该公司对传统的输送设备进行优化改良，结合市场的环保、低能耗、高效率、低破碎率、低故障率等需求，先后研发了移动犁式卸料输送机、自清式斗式提升机、双气室气垫带式输送机（粮食运输量2 000吨/小时）。其中针对自清式斗式提升机，公司借助多年的制造、安装经验，结合研发力量，成功将传统的提升机底座进行优化，使之具备自动清理功能，在相同的物料、同等的输送量前提下，减少了人工清料次数和清理量。该公司针对市场需要研发出的大产量且安全环保高效的自清式斗式提升机拥有广阔的发展前景，在粮食仓储项目中得以应用。目前深粮集团、广州港等企业先后在该公司采购了1 000吨/小时、500吨/小时产量的自清式斗式提升机。

案例 25
台山平安五金制品有限公司

该公司是一家专业生产金融保安设备和监狱、核电等特种门的企业，主要产品为智能化金融安防、核电设备等。金融安防产品先后被中国人民银行、中国银行等单位评为定点使用产品，并长期服务外交部、北京印钞厂及辽宁、山东监狱等机构。在核领域供货于中核四〇四有限公司等项目工程。其中，华龙一号首堆中的抗大飞机撞击防护门受到中国核电工程有限公司好评。

一、经营总体情况

该公司成立于1992年，是一家专业生产金融保安设备和监狱、核电等特种门的企业。公司厂房分一厂区和二厂区，一厂区主要生产安防产品，二厂区主要生产核电特种门设备，厂区面积125 300平方米，厂区建筑面积84 000平方米。该公司是集研发、生产、销售、服务维护安防系统设备为一体的高新技术企业，通过了ISO9001质量管理体系认证、ISO14001环境管理体系认证、ISO45001职业健康安全管理体系认证、国家CSP认证（保险柜）。先后取得广东省安全防范技术工程设计施工维修资格证（壹级）、中华人民共和国民用核安全设备制造许可证（核安全二级）和成为广东省博士后创新实践基地，多年来在实践中稳步成长，成为中国改革开放成功推进的标杆企业。

2019年，企业净资产6 885.11万元，实现销售收入6 036.55万元，实现利润总额507.67万元。2020年，企业净资产7 054.76万元，实现销售收入4 607.13万元，实现利润总额148.87万元。

二、创新驱动发展情况

该公司具有强大的科研开发能力，2019年职工总数为267人，其中科技人员56人，在机械技术领域具有雄厚的科研实力和设计基础，为保证生产经营，特别是技术开发方面有条不紊地运行，设立了一系列行之有效的组织管理制度，包括《知识产权管理制度》《研发项目开发立项管理制度》《研发投入核算体系及管理制度》《科技成果转化管理制度》《产学研合作管理制度》《科技人才培养制度》《研发人员绩效考核制度》，在技术研究和产品开发方面做出了突出成绩，在省内同行业中有较大影响力。2005年成功组建智能安防设备工程技术研究开发中心，2011年被江门市科学技术局认定为“江门市智能安防设备工程技术研究开发中心”，

2014 年成功通过高新技术企业复审，并持续研发投入，在每三年一次高新技术企业认定周期持续申请并通过认定。

该公司研发中心直接从事研究开发的技术人员有 28 人，全部为大专以上学历，其中，硕士、高级职称以上人员 5 人，拥有 3 名研发能力强、技术水平较高和工程化实践经验丰富的工程技术带头人，拥有 14 名工程技术研究和工程设计人员，拥有能够承担工程试验任务的熟练技术工人队伍。技术团队曾成功开发多个项目，为工程中心的建设奠定了坚实的技术开发基础。

为了广纳高科技人才，该公司每年在省内以及全国重点院校引进人才，并在省内一些院校设立了联合研发机构，以促进高技术基础研究。为了把握发展的战略方向和实现科研开发的高起点，聘请了多名省内著名机械领域专家、学者为常年技术顾问，在研究方向、研发技术、研发组织等方面进行指导，有力地保证和促进了公司科研开发工作的先进性、高效性。借助省内外高等院校作为“外脑”，注重与科研院所进行有目标的产学研技术合作，推动公司产品技术不断推陈出新，立足时代科技前沿。与广东工业大学、五邑大学、湖南大学等多所院校开展多角度、全方位技术合作，为公司科技研发项目不断改进提升助力。同时，该公司重视科技研发投入，通过以企业投入为主、政府资助为辅的方式，在 2017—2019 年三年时间里，企业研究、开发经费投入总计 1 147.73 万元，占销售收入的比例达到 7.13%。

三、市场竞争力情况

智能化金融安防、核电设备是该公司的主打产品之一，在全球范围内处于产业链的中上游。金融、核电一直是安防行业的重点领域，很多新技术与新产品都是在金融、核电领域最先应用的，金融、核电对安防技术的需求也十分强烈，要求也越来越高。公司正是基于这种特殊需求，敢于尝试最新的安防技术。

金融安防行业正在朝着智能化、网络化、集成化的方向大步发展，传统的金融安防技术已经不能适应新形势的需要，迫切需要该公司对金融安防系统进行升级、改造和整合。目前智能化安防设备产业的发展趋势有如下几个发展方向，公司结合以下发展方向不断加大研发投入：

（1）自动柜员机安全防护舱模式。

（2）指纹识别无线系统在安防设备的应用。

（3）门禁出入口控制、短信联动分级管理及报警系统。

（4）节能型智能全自动保管箱。

（5）抗商用大飞机撞击防护门。

该公司金融安防产品先后被中国人民银行、中国银行、中国工商银行、中国农业银行、中国建设银行、中信银行、光大银行、华夏银行、广东发展银行、广东省农村信用社联合社、国家邮政局等单位评为定点使用产品。除银行系统外，还长期服务外交部、北京印钞厂、上海印钞厂、上海造币厂、西安印钞厂、南昌印钞厂、成都印钞厂及辽宁、山东等地监狱系统等。在核领域供货于中核四〇四有限公司、中国原子能院（401）、西安核仪器厂以及国内主要核电站、巴基斯坦核电站等项目工程。该公司研发生产的安防安保产品中，受到国内外青睐的一个特殊产品是核电特种门，其生产工艺更复杂、安防级别更高，特别是福清核电站华龙一号首堆中的抗大飞机撞击防护门，受到中国核电工程有限公司好评。

案例 26
小熊电器股份有限公司

该公司从事创意小家电研发、设计、生产和销售。2019 年在深交所正式挂牌上市，目前已成为“创意小家电 + 互联网”领先企业之一。积极开展产学研合作，推动产品研发迭代，拥有专利超过 2 000 项。累计获“中国驰名商标”“广东省企业 500 强”等超 200 个奖项和荣誉。多个细分产品连续几年保持天猫商城、京东等平台热销品牌排名第一。

一、经营总体情况

该公司成立于2006年，从事创意小家电研发、设计、生产和销售，致力于为用户提供轻松、快乐的品质生活，深受年轻人喜爱。2019年在深交所正式挂牌上市，2021年，合并年收入达36亿元，已成长为佛山市的龙头小家电企业。公司产品品类丰富，目前有超过60个产品品类、500多款产品型号对外销售。创意小家电产品涵盖厨房小家电、生活小家电及其他小家电。其中厨房小家电划分为锅煲类、电热类、壶类、西式类和电动类五类产品；其他小家电包含个护小家电和母婴小家电等。目前累计获得超200个奖项和荣誉，涵盖产品设计、技术、品牌营销、电商等领域，不乏红点奖、红星奖、艾普兰产品奖、金口碑奖等多项大奖。被认定为“中国驰名商标”“广东省企业500强”“佛山市标杆高新技术企业”“佛山·脊梁企业”，获得政府、业界及消费者的高度认可。2019—2021年，小熊电器所获荣誉、奖项情况如下表所示：

名称	时间
佛山市先进集体	2021年
佛山市政府质量奖	2021年
国家工业设计中心	2021年
国家电子商务示范企业	2021年
2020年佛山企业100强	2020年
2020广东企业500强	2020年
全国产品和服务质量诚信示范企业	2020年
佛山市专精特新企业	2020年
市级企业技术中心	2020年
佛山市标杆高新技术企业	2020年
佛山市细分行业龙头企业	2019年

（续上表）

名称	时间
2019 全国质量诚信标杆企业	2019 年
广东省工业设计中心——小熊创意电器工业设计中心	2019 年
广东省知识产权示范企业	2019 年
佛山市重点知识产权保护名录入库证书	2019 年
国家知识产权优势企业	2019 年
科技创新先进企业	2019 年
2019 广东制造业 100 强、2019 广东企业 500 强、2019 广东民营企业 100 强	2019 年
2019“佛山·脊梁企业”	2019 年

二、创新驱动发展情况

该公司设立三级研发架构，包含 2 个研发中心、10 个研发团队，共有 300 多名研发人员，包含基础研究、产品开发、创意设计、用户研究、产品体验、工程技术等各方面人才。2021 年，研发经费超 1 亿元，开发新品超过 100 款。

该公司与佛山科学技术学院、南昌大学、东华理工大学等高校开展产学研合作和技术交流，并在 2020 年与清华大学合作开展“基于小熊电器的形象认知系统研究项目”的研发，通过挖掘和引进外部设计与创新资源，协同推进产品创新，联合培养人才队伍，推动公司研发实力更上一层楼。

该公司凭借创新的产品研发设计，激发了创新动力，每年开发新品超过 100 款，实现了新产品的快速迭代，满足了消费者日益增长的需求。与此同时，知识产权实力不断增强，2021 年已累计获得专利 2 063 项。

该公司拥有一支稳健、务实、高效的管理团队，核心管理成员稳定，形成了较为完善的管理和激励制度，实施股权激励，实现公司核心管理人员、技术骨干持有公司股权，有效保障管理团队稳定。与此同时，通过建立多层次的正负激励制度鼓励员工，制定了《项目奖金管理办法》《绩效管理办法》《合理化建议奖励》《工业设计管理办法》《产品设计与开发管理办法》《产品美工设计管理办法》等，并建立了新产品开发奖、专利申请奖、论文发表奖、“星级员工”奖、“星级班组”奖等激励机制，引导员工主动参与公司的各项改善活动，激发员工的工作热情。

三、市场竞争力情况

该公司实行线上销售为主、线下销售为辅，全渠道运营的销售模式。公司坚持互联网思维、优异产品质量以及优质售后服务，把握行业快速增长的发展机遇及主流电商平台汇集的巨大用户流量，充分运用互联网高效率、低成本以及仓储物流技术发展迅速等特点，快速布局线上渠道，经过十多年的发展，成为“创意小家电＋互联网”领先企业之一。目前，公司与天猫商城、京东、拼多多、唯品会和苏宁易购等主流电商平台均建立了良好的合作关系。同时，公司积极布局线下销售渠道，充分将公司产品渗透到各个渠道进行销售推广，实现全渠道运营的销售模式。此外，公司在国外市场通过 ODM、OEM 方式实现境外销售，实现了对各类消费者群体的深度覆盖。

该公司凭借优质的产品品质和良好的产品体验，以及优秀的品牌建设和完善的营销网络，使多个细分产品连续几年保持天猫商城、京东等平台热销品牌排名第一。2021 年“双十一”期间，煮蛋器、酸奶机、电热饭盒、电烤炉、打蛋器、吐司机、多士炉七大品类获得天猫平台销售额第一；煮蛋器、酸奶机、电热饭盒、电烧烤炉、打蛋器、三明治机、煎药壶七大品类获得京东平台销售额第一。

案例 27
珠海欧力配网自动化股份有限公司

该公司是覆盖发电、变电及配电等电力系统各环节，横跨一次及二次设备领域，综合成套能力强的电力物联网设备制造企业和系统解决方案供应商。主要客户群包括国家/南方电网等。参与的项目包括：亚运城、香港地铁等。

一、经营总体情况

该公司成立于2005年，坐落于珠海高新技术开发区，是“新三板挂牌企业”“国家高新技术企业”“广东省双软企业”“AAA级信用企业”“广东省专精特新中小企业”及“珠海市重点企业技术中心”资质企业，致力于成为配电网行业内兼具专业度、美誉度和品牌知名度的领头羊。该公司一直致力于配网自动化智能终端及系统、变电站微机保护及系统、发电厂智能系统、新能源智能系统等，各模块主要产品有配电站所终端、馈线自动化终端、环网柜、柱上开关成套、线损模块、边缘计算模块、智能预装式箱变、光伏箱变、发电厂自动化成套设备及变电站自动化成套设备等，真正实现配电网自动化一条龙服务。经过多年的钻研已发展为覆盖发电、变电及配电等电力系统各环节，横跨一次及二次设备领域，综合成套能力强的电力物联网设备制造企业和系统解决方案供应商。2019年，营业收入同比上期增长76.75%，2020年，受疫情影响，营业收入略有下降，2018—2020年利润额近1 000万元、税收贡献443万元。

二、创新驱动发展情况

目前该公司研发技术人员近40人，占职工人数约30%。主要致力于智能配电网方面、智能配电终端产品方向的研究，2018—2020年在研发技术创新方面每年投入近200万元（不含职工薪酬），研发投入约占营业收入的12%。2019年，成为“珠海市重点企业技术中心”，现正在筹备向广东省申报重点实验中心，为自主创新注入新动能。坚持产、学、研一体化方向，持续深化校企合作，拓展对外交流，与湖南科技大学、广东科学技术职业学院等高校以及技术研发和服务机构建立科研合作关系，围绕智能配电网及其关键技术研究、电网规划与控制等先进技术领域，开展专业化研讨和互动式交流，利用高校的资源优势和科研优势，提高公司科技创新的含金量。目前该公司有效专利共33件，其中发明专利2件、实用新型专利28件、外观专利3件，软件著作权18件，已经受理发明专利8件。

该公司于2020年获得珠海市两化（工业化及信息化）融合资质、内部实行规范化、流程化管理，ERP系统、OA系统及金蝶等办公系统成熟运行多年，公司发展体系、评价体系、执行体系、培训体系日臻完善，对促进公司发展、保障工作效率和加强人才培养正发挥重要作用。同时，以制度机制建设为前提，建立创新创效投入机制，逐年增加科技资金，制定考核制度，细化评价措施，形成支持创新、保护创新、激励创新格局。目前公司针对研发人员设有项目开发奖金、专利获得奖金及技术攻关奖金等激励机制。

三、市场竞争力情况

电力设备厂家处于电力市场产业链的中心环节，用户端为电网电力设备的上游，而发电厂则为电网电力设备的下游。电力供应企业受国家相关政策保护，其主要成本上网电价和销售电价由国家核定，其盈利主要依靠上网电价和销售电价的差价，因此有较大保证。

该公司建立了覆盖全国的客户服务网络，配备了能吃苦、技术硬的客户服务队伍，做到客户有求必应。现已在全国各地拥有稳定的客户群，极力打造“覆盖广泛、职能完善”的强大营销服务体系，同时积极向国际营销体系迈进。主要客户群体有国家/南方电网、电力局及三产、用户工程及成套厂等；项目案例有亚运城、北京万年花城、香港地铁、长水机场、“十四运”工程及广东、湖南、湖北、黑龙江、海南电网等。

该公司于2017年始，每年成功通过国网公司、南网公司资格预审和核实评审，其中主要产品有DTU、FTU、柱上断路器、开闭所、一二次融合柱上断路器、一二次融合自动化成套等。2018年至今以“A+B”“A+A”形式中标海南、广东、广西、云南、陕西、湖南、湖北、黑龙江等一级市场，产品研发、投入与市场拓展得以从“量变”进化成“质变”。

案例 28
珠海市协正智能装备有限公司

协正智能
JOINT-POSITIVE INTEL

该公司产品主要应用于手机摄像头模组 CCM 行业、柔性线路板 FPC 行业、3C 电子消费行业、粉末冶金行业，通过精密机械设计、高速高精度机器视觉技术和运动控制技术的结合，实现设备运作自动定位，填补了国内该设备的空白。研发的高端产品六面体高速检测设备有望实现国产替代。

一、经营总体情况

该公司成立于2016年，产品主要应用于手机摄像头模组CCM行业、柔性线路板FPC行业、3C电子消费行业、粉末冶金行业。2018年被认定为高新技术企业、科技型中小企业，并与广东工业大学、北京邮电大学保持产学研合作关系。2018年通过知识产权管理体系认证、ISO9001质量管理体系认证、ISO14001环境管理体系认证、OHSAS18001职业健康管理体系认证。2018年被评为“翼企飞翔”香洲区中小企业成长工程培育企业。2019年度被评为规上企业，并获得2019年中国创新创业大赛珠海赛区优胜奖，入选香洲区2019年度高新技术企业成长50强，2019年度广东省“守合同重信用”企业、AAA级信用企业。2018—2020年，公司销售总额分别为324万元、2 015万元、2 385万元，利润总额分别为－237.5万元、342万元、225.1万元，纳税总额分别为10.9万元、37.5万元、71.56万元。

二、创新驱动发展情况

为加速公司的科学研究和新技术的开发及推广应用，促进公司经济效益的提高，预防政策风险、技术开发风险、经营管理风险、市场开拓风险、生产风险、财务风险、汇率风险、对公司关键人员依赖的风险等，该公司制定了科研项目立项管理制度、企业研发准备金制度、企业创新管理制度、研发资金核算管理制度、研发人员科技成果转化奖励制度等多项制度，并成立人才创新创业平台。该公司2019年、2020年共研发项目15项，2018—2020年研发投入分别为181万元、310万元、505万元，占同期销售收入比例为55.86%、15.38%、21.17%。现拥有发明专利8项、实用新型专利17项、软件著作权17项、高品证书3项、科技成果3项。

三、市场竞争力情况

该公司产品是通过精密机械设计、高速高精度机器视觉技术和运动控制技术的结合，实现设备运作自动定位，弥补同类产品定位不准导致产品质量问题产生的不足，填补了国内该设备的空白。对比进口设备，性能上超越，价格上大幅度降低，同时设备性能稳定，可维护性以及售后服务远远优于进口设备。公司产品涉及多方面的高端技术（精密机械设计、高速高精度机器视觉技术和运动控制技术三大核心技术）。目前产品有：全自动高精贴板机、成品剥单机、双头贴膜机、成品摆盘机等。现正开发的覆盖膜贴合机处于测试阶段；研发的高端产品有六面体高速检测设备，此款产品若研发成功将会替代进口产品。

该公司在技术、工艺、生产等方面的竞争优势和特点为：市场先机、直接成本优势、人工成本优势、客户认可度高和黏性强。产品设计时间节约 80%，生产成本节约 20%，试制时间节约 70%，售后成本节约 90%，产品稳定性提升 80%。

案例 29
珠海盈致科技有限公司

盈致科技
INNOGETIC TECHNOLOGY

"

该公司是一家智能制造整体解决方案提供商，在自动化智能制造领域内达到行业领先水平。主要产品有自动胶机、智能柔性制造平台及各类订制智能制造生产线及相关技术支持服务等，客户包括 HZO、伟创力等知名大型企业或跨国公司，以及天通、汇威、森威等国内知名企业。柔性智能制造平台（STC）已经应用于苹果“AirPods”、亚马逊“kindle”系列等生产。

"

一、经营总体情况

该公司成立于2011年，是一家智能制造整体解决方案提供商。主要业务为根据企业需求进行智能工厂综合方案的设计、研发、生产、销售与技术服务；提供工业自动化设备、智能制造装备，以及智能制造系统软件的设计、研发、生产和进出口销售及服务。主要产品有自动化生产线、自动分拣系统、自动贴膜机、智能柔性制造平台（STC）等。其中，智能柔性制造平台（STC）使自动化技术、信息技术与柔性制造融合从而创建智能工厂，具有新颖性、先进性和独特性。2020年介入打印耗材行业，开发并生产了435端盖机，CF400、435、2612、388、217、TN1000等智能生产线应用于打印耗材行业的智能装备，在耗材行业得到广泛好评。目前开发了掩膜通用一体机，专注掩膜防水技术，提供防水行业标准设备，进军防水行业，打造行业设备标准。

2018—2020年期间，营业收入近2亿元，其中出口额为2 185万元，上缴税款1 072万元。利税总额为3 530万元。2015年首次通过了国家高新技术企业认定，并于2018年再次通过认定。2018年及2019年连续获得香洲区高企百强企业称号。2018年入库珠海市独角兽种子企业。2020年入选珠海市知识产权优势企业、广东省机器人（培育）企业，并先后通过知识产权体系认证、质量管理体系认证、能源管理体系认证。

二、创新驱动发展情况

该公司注重提升企业管理水平，建立了完整的内部管理体系，并制定与之相关的各项制度，明晰了公司各职能和层级之间的职责。同时也注重知识产权的保护，坚持以知识产权核心技术为推动力，推动企业持续发展。制定了研发项目从立项、研发、申请知识产权、试产到投入生产环节一系列制度并确保执行，力保各个环节不发生侵权与被侵权事件。同时制定了技术人员激励制度，配以学习深造、升职加薪、奖金激励等奖励手段，极大地激发了技术人员的研发积极性，公司与个人实现双赢。2019 年度公司两名技术骨干人员分别获得“香洲区香山创新英才”及“香山青年人才”称号。

至 2020 年末该公司研发人员共 25 人，占职工总人数的 45%。2018—2020 年来共计投入研发费用 1 582 万元，占三年营业收入的 8%。2016 年获批广东省省级科技项目——PCB 板检测用智能机械手运载平台，并于 2018 年通过政府相关部门审核。已经申请并获得 6 项发明专利，其中，3 项为自主研发、3 项为与其他企业合作研发；36 项实用新型专利及外观专利，以及 12 项软件著作权；另有 10 余项知识产权正在申请受理过程中。2017—2020 年共有 8 项产品获得高新技术产品证书。

三、市场竞争力情况

该公司致力于为制造业的客户提供全方位的自动化解决方案，其中包括非标准和标准的自动化设备及生产工艺上相关技术支持等，以提高客户的产品生产质量和效率，帮助客户提高市场竞争力。该公司在自动化智能制造领域内达到行业领先水平，主要产品有自动胶机、自动贴膜机、智能柔性制造平台（STC）及各类订制智能制造生产线及相关技术支持服务等，客户包括 HZO、伟创力、捷普、泰科、精量、王氏港建等知名大型企业或跨国公司，也包括天通、汇威、森威、纳思达等国内知名企业，出口产品及技术服务销往美国、越南、乌克兰、奥地利等国。上述客户的销售额占 2018—2020 年营业收入总额的 81.48%。其中，智能柔性制造平台（STC）通过模组化拼接、双传送轨道自动分流、物联实时数据提取以及控制、应用模组快速更换和拼接以及产能无限拓展实现非标设备标准化、投资收益同步化、柔性生产模组化、自动生产数据化等优势解决制造业 80% 的痛点，从工业 2.0、3.0 直上工业 4.0，分阶段逐步投资。智能柔性制造平台（STC）从 2015 年自主研发开始，通过硬件开发双轨道柔性模组结合自主研发的算法和协议的控制系统，使网口跟模组之间互相沟通，实现智能传送与功能模组自由拼接模式，得到当时国际知名企业耐克（Nike）认可并且应用在其可穿戴项目（Nike fuelband）上，直接实现柔性化测试制造；在 2016 年通过“PCB 板检测用智能机械手运载平台”获得广东省创新基金项目资助并且通过审核，并于同年就信息化系统进行研发，至年底成功开发制造执行系统（MES），并且结合柔性制造平台应用实现智能制造，于 2017 年应用在国际知名企业通用电子的产品上，实现智能车间。随着不断创新升级，智能柔性制造平台（STC）已经应用于苹果“AirPods”生产、亚马逊“kindle”系列的生产，从 2015 年研发至今，智能柔性制造平台（STC）的应用已经遍及中国珠海、深圳、江西、上海、昆山、潍坊、成都，以及越南、乌克兰、美国等地区。

该公司预计在未来 5 年内加速开展新产品、新技术的研发，增加知识产权的数量，促进产品的更新换代，扩大公司的产能，在确保稳定现有客户群的同时，进驻五个新兴行业（打印机耗材、医疗耗材、防水工艺、汽车配件以及新能源），以物联智能制造平台为基础，在最短时间内实现行业设备标准化、投资收益同步化，带动标准设备行业产业化，达到设备应用同质化的目标。关注行业标准设备，持续研发可跨行业复制非标设备。为上游供应链以及下游客户打造全行业智能制造生态圈。

案例 30
珠海优特信息技术有限公司

UNITECH

该公司专注于电力系统自动化产品和智能家居产品的研发、生产，并提供技术咨询、技术开发等服务，在智能电网配用电协调控制系统、能效协调管控系统等方面成为细分市场的领导者，电力安全及防误闭锁技术也达到了国内领先水平。

一、经营总体情况

该公司成立于2015年，是珠海优特电力科技股份有限公司的全资子公司，是广东省内的民营高科技企业，专注于电力系统自动化产品和智能家居产品的研发、生产，并提供技术咨询、技术开发等服务，是为将珠海优特电力科技股份有限公司的新产品、新技术产业化而成立的专业化公司，与母公司实现资源共享，根据实际需要适当使用母公司的研发设备、技术、专业实验室等进行研究开发活动，获评高新技术企业、科技型中小企业。2021年营业收入为1.55亿元，同比增长124.95%。

二、创新驱动发展情况

该公司自成立之初就确定了“预研一代、开发一代、生产一代”的创新发展模式，在此模式下公司建立了覆盖需求、立项、设计开发、评审、变更、质量保证等研发过程的研发管理体系。制定了《研发项目管理办法》《项目开发控制程序》《技术攻关激励办法》《研发人员绩效管理办法》《研发项目奖管理办法》等制度。同时，还制定了《研发项目财务管理规定》，规定了研发项目须设立辅助账进行管理，对项目开发过程中涉及人员工时、研发物料、实验检验、固定资产等费用进行合理计算和核算。作为珠海优特电力科技股份有限公司的全资子公司，该公司建立了良好的创新平台，与母公司共同建设并共享失效分析实验室、环境实验室、系统仿真实验室、EMC实验室等八个专业实验室以及所有的检测设备，使产品的技术水平得到显著提高。

作为一个创新型的民营高新技术企业，该公司的竞争优势体现在拥有自主知识产权的核心技术研发和强大的营销服务能力上。2021年研究开发投入费用371万元，职工14人，其中研发人员11人，占比78.6%。与暨南大学人工智能产业学院开展持续、深入的产学研合作，目前拥有授权专利33项，其中发明专利2项、实用新型专利27项、外观设计专利4项。

三、市场竞争力情况

该公司处于产业链下游，直接面向电网用户，主要客户为国家电网公司、南方电网公司等，与母公司业务相关性强，联合市场占有率常年保持在50%以上。依托母公司的品牌效应、技术和管理优势，在智能电网配用电协调控制系统、能效协调管控系统等方面成为细分市场的领导者。依托母公司在微机防误闭锁领域的领先地位，该公司的电力安全及防误闭锁技术也达到了国内领先水平。

新材料领域

3

新材料（new material）是指新近发展或正在发展的具有优异性能的结构材料和有特殊性质的功能材料。新材料是国家确定的七大战略性新兴产业之一。2021年广东省新材料产业产值2.7万亿元，居全国前列①。根据高新技术企业火炬统计，在全省6万多家高新技术企业中，新材料领域企业有0.9万家，占比14.8%，新材料领域企业数量仅次于电子信息领域、先进制造与自动化领域，位居各技术领域第三位。

① 资料来源：https：//baijiahao.baidu.com/s？id=1757043279059352942&wfr=spider&for=pc。

案例 31
广东博盈特焊技术股份有限公司

Pourin Welding

该公司是一家专注于特种焊接技术研发和应用的高新技术企业。聚焦于防腐防磨堆焊装备的耐用性、稳定性及下游行业应用需求，将 MIG 焊接技术成功地应用到了废热锅炉、垃圾炉、气化炉和电力锅炉的管道及水冷壁的耐磨、耐腐蚀堆焊上，成为垃圾焚烧发电锅炉部件、水冷壁制造的主要供应商，成功解决了中温次高压垃圾焚烧锅炉的腐蚀难题，成为国内最大的锅炉堆焊制造商。

一、经营总体情况

该公司成立于2007年，是一家专注于特种焊接技术研发和应用的高新技术企业，致力于为全球消费者提供整套堆焊技术方案。该公司一直围绕着焊接核心技术进行研究、开发、应用和转化，坚持以焊接技术为支撑，发展焊接工艺技术服务和焊接技术制造服务。

公司占地面积约205亩，两期生产车间面积共计4.3万平方米。建有3个厂房，具有锅炉膜式壁堆焊综合生产能力约7万平方米/年，产值约6亿元，纳税总额（含进口关税）2019年约5 466万元，2020年约7 139万元。现公司正在筹备创业板上市，募投资金用途之一是用于公司防腐防磨产品研发及生产基地的建设项目，新基地占地面积约92亩，建成后厂房面积5.5万多平方米，项目已于2021年10月投产且已进行环评公示。现已获得国家市场监督管理总局颁发的“特种设备制造许可证”（A级锅炉）和美国机械工程师协会颁发的“ASME压力容器制造授权证书”U钢印和S钢印，并通过了ISO9001质量管理体系认证、ISO14001环境管理体系认证、OHSAS18001体系认证，以及焊接工艺的顶级认证ISO3834－2国际焊接体系认证。2016年获得国家高新技术企业称号（维持有效至今），2017年被广东省科技厅认定为“广东省堆焊材料及应用工程技术研究中心”，2019年获得江门市工业和信息化局、江门市生态环境局联合颁发的“江门市级清洁生产企业”证书，2020年获得江门市人民政府授予“江门市政府质量奖”证书，总经理李海生荣获2020年“广东省劳动模范”荣誉称号，2021年2月获得江门市安全生产监督管理局颁发的“安全生产标准化三级企业（机械）”证书。

二、创新驱动发展情况

该公司重视创新环境的建设，通过打造现代化的技术研发和产品加工承接基地，实现创新环境的不断改善。新建落成4层研发大楼并投入使用，建筑面积约2 500平方米，设置研发部、技术部、焊接技术部等研发部门，建立实验室、广东省堆焊材料及应用工程技术研究中心、X射线探伤室等。研发大楼整体布局合理，工作环境舒适，各自研究路线清晰，分工明确，具有良好的研发创新氛围。公司的研发团队67人，占公司职工比例10.7%，自成立以来，通过持续的技术研发及工艺升级形成了自身的核心竞争力，有效地提高了产品技术水平、产品质量和生产效率，满足不同客户对防腐防磨堆焊装备的个性化需求，并持续推动应用领域的拓展。为保持公司技术创新的延续性，公司建立了一套完善的技术创新组织体系和创新机制。

该公司遵循“以专业化技术和高效的管理方式为客户提供高质量产品”的服务宗旨，以人为本，重视人才培训，全面提高员工素质，激励全体员工为企业的共同理想而努力。为此，公司首先出台了具体的实施制度、章程、规范等文件，包括《研发项目管理制度》《研发经费投入与核算管理制度》《研发人员绩效考核与激励制度》《科技人才培养与激励机制》《科技成果转化管理办法》《科技成果奖励办法》等，同时大力推进人才引进与储备战略，坚持社会招聘、校园招聘、内部举荐及猎头招聘等相结合，建立起一套科学规范的选人、用人、育人、晋人与留人机制。公司通过全力为员工打造良好的事业平台和发展空间，提供具有竞争力的薪酬福利待遇，实现专业人才的引进和后备干部培养。其次，公司进行立项并组建项目团队，设置专项项目资金，通过项目攻关在实战状态下培养和选拔人才，实现按劳分配；同时能高效地取得项目突破，实现技术创新，有效支撑公司的发展战略。最后，公司对技术人员定期进行绩效考核，将日常工作达成率和专项项目完成状况作为考核指标，与每月的绩效工资和年终奖金直接挂钩，调动全员参与研发创新的积极性。

该公司自2016年以来，累计开展的研发项目超过50项，研发成果仅2020年一年就申请各类专利 11 项（其中发明专利受理 7 项），获得 12 项授权证书，创新成果显著。公司在自主研发的基础上，尝试利用高校与科研单位良好的教学环境和教学资源，以及在人才培养、技术研发方面的优势，结合公司现有资源并与之形成优势互补作用，为产品研发、技术创新提供支持。与武汉大学共同建立“武汉大学火力发电防磨防腐技术中心”，针对火力发电厂的需求，开展防腐防磨新材料、新工艺、新技术的研发；与阳江职业技术学院合作，进行埋弧焊低合金钢用低氢高碱度粘接焊剂的研究。

三、市场竞争力情况

该公司聚焦于防腐防磨堆焊装备的耐用性、稳定性及下游行业应用需求，不断提升产品防腐防磨的性能，在堆焊层的均匀性、稀释率、厚度等行业关键技术指标方面具有竞争优势。该工艺采用 MIG 焊接技术，在锅炉易磨损或易腐蚀部位的管子或管屏上均匀堆焊一层 300 系列不锈钢材料或镍基材料（INCO622、625 等）。该技术已经被成功地应用到废热锅炉、垃圾炉、气化炉和电力锅炉的管道及水冷壁的耐磨、耐腐蚀堆焊上，大大降低了锅炉制造企业的制造成本，同时降低了电厂的停机率和维护成本。因此，公司成为垃圾焚烧发电锅炉部件、水冷壁制造的主要供应商，在推动堆焊技术工艺进步的同时，也带动了本行业及相关行业的健康发展。自 2016 年以来，公司与中国光大环境（集团）有限公司、武汉锅炉股份有限公司、广州环保投资集团有限公司、泉州市圣元环保电力有限公司、重庆三峰卡万塔环境产业有限公司、东方电气集团东方汽轮机有限公司进行了卓有成效的合作。为广州环保投资集团有限公司（简称“广环投”）的李坑垃圾焚烧项目进行堆焊技术服务和应用是经典案例之一。广环投李坑垃圾焚烧项目使用了国内首台从国外引进的中温次高压垃圾焚烧锅炉（在此之前，国内普遍使用中温中压垃圾焚烧锅炉），由于在运行期间经常出现锅炉管壁受高温腐蚀引起爆管现象，长此以往，导致锅炉无法正常运行。博盈特焊了解到该情况，通过堆焊技术公关，在早期就主动和广环投技术部门与运行部门进行了深入的技术交流，并成功将博盈特焊的堆焊技术应用到该锅炉最容易发生高温腐蚀的部位，经过长期实际运行，及第三方多次检测，博盈特焊提供的堆焊产品能起到良好的抗高温腐蚀作用，并且能保证锅炉的长期稳定运行，为客户带来良好的经济收益。

中温次高压垃圾焚烧锅炉虽具有发电效益高的特点，但锅炉管壁更容易受腐蚀。国内大部分环保公司在项目投建前，出于确保设备安全运营方面的考虑，均采用比较保守的投资方案，即中温中压垃圾焚烧锅炉。自从博盈特焊成功解决了中温次高压垃圾焚烧锅炉的腐蚀难题，光大环保、瀚蓝环境、深能环保、中节能、首创集团等国内知名环保公司纷纷采用中温次高压的锅炉设计，并将堆焊防腐设计为设备的标准配置。目前国内中温次高压焚烧锅炉已经成为市场的主流设备，博盈特焊也在锅炉堆焊市场得到了业内的普遍认可，并伴随国内垃圾处理项目的快速发展，成为国内最大的锅炉堆焊制造商。

案例32
广东红球建材科技有限公司

该公司是一家集研发、生产、销售于一体的高新技术企业，主要产品有聚羧酸高性能减水剂系列产品、砂浆外加剂（调节剂、增塑剂等）、缓凝剂、早强剂等，主要应用于高速铁路、机场等工程建设的预制和现浇混凝土、钢筋混凝土及预应力混凝土。经过探索，终于成功研制出自密实早强聚羧酸减水剂，突破国外品牌技术垄断。

一、经营总体情况

该公司成立于2007年，位于广东省江门市鹤山市，是一家集研发、生产、销售于一体的高新技术企业，主要产品有聚羧酸高性能减水剂系列产品、砂浆外加剂（调节剂、增塑剂等）、缓凝剂、早强剂等，主要应用于高速铁路、客运专线、城际轻轨、高速公路、核电、工业与民用建筑、道路、桥梁、港口码头、机场等工程建设的预制和现浇混凝土、钢筋混凝土及预应力混凝土。公司相继取得以下资质：中国建筑材料联合会混凝土外加剂分会会员单位、高新技术企业证书、广东省高新技术产品证书、CRCC铁路产品认证证书、ISO9001质量管理体系认证证书、ISO14001环境管理体系认证证书、排污许可证。

2016—2020年营业收入、利润、税费总额见下表：

年份	营业收入/万元	利润/万元	税费总额/万元
2016年	736	68	48
2017年	1 391	32	43
2018年	3 013	85	86
2019年	5 063	316	158
2020年	5 540	456	233
合计	15 743	957	568

二、创新驱动发展情况

目前该公司研发创新有11个主要方向，包括UHPC专用功能性聚羧酸减水剂，各类特种砂浆外加剂，装配式预制构建专用外加剂，聚羧酸盐减水剂用功能性单体，增强型混凝土调节剂，纳米微胶囊混凝土裂缝修补，纳米晶核型早强剂，新型无碱无氯无氟液体速凝剂，减缩型聚羧酸减水剂，特种化学助剂（新型水泥助磨剂、掺合料化学助剂、裂缝修补剂等），颗粒状、粉片状固体聚羧酸减水剂。

该公司设有研发中心，并与同济大学、五邑大学加强合作，2020 年，科技人员占全公司职工的 30%，研发投入占营业收入的 6%。拥有各类专利 20 项，正在申请的专利有 12 项。

为了激发员工生产经营，特别是在研发、知识产权产出方面的主动性、积极性和创造性，该公司主要采取三大措施：一是建立健全的学习机制，成立学习会；二是建立健全的落地执行机制，开展 PDCA 管理循环；三是建立健全的研发、知识产权积分奖励机制。将研发积分排名靠前的员工分成三档：排名前 10% 每年奖励 5 000元；排名前 20% 每年奖励 4 000 元；排名前 30% 每年奖励 2 000 元；排名前 50% 每年奖励 500 元；排名 50% 以后的每年奖励 100 元。对研发方面表现平庸，三年皆排名 50% 以后的研发人员调整其岗位。

三、市场竞争力情况

该公司以自主创新为主，推陈出新。主要产品的质量和技术在全国同行业中有很强的竞争优势。在管桩生产过程中，生产环境一直噪声大、温度高、粉尘多，而且需要大量人工在高温下操作。为了改变这种局面，公司积极主动同管桩厂家沟通配合，研发出高减水、超早强的高性能减水剂，彻底改变管桩的生产工艺流程，节约人工 60%，减少跑、冒、滴、漏等原材料浪费现象。生产现场环境得以明显改进，生产综合成本降低 18%，得到管桩厂家的高度赞扬。在中铁系统预制梁的生产过程中，由于外观气孔多，需二次装修，时间久了之后，装修的油漆难免会脱落，严重影响桥梁的外观。公司技术人员经过艰苦的探索，终于成功研制出自密实早强聚羧酸减水剂，有效地解决了这一问题，掌握了这个一直由国外品牌垄断的技术。

目前该公司主要产品聚羧酸系列减水剂的销售数量与区域增长迅速，客户遍及广东、广西、海南、湖南、湖北，还出口到非洲的肯尼亚。主要的客户有：中铁七局、中铁十一局、中铁十六局、中铁十八局、保利长大、中交二公局、建华管桩、珠海三润混凝土有限公司、珠海市志隆商品混凝土有限公司、江门市政混凝土有限公司。该公司对原材料挑选严格，主要合作的供应商有：日本花王、德国科莱恩、辽宁奥克、辽宁科隆、浙江卫星。

案例33
广东天雄新材料科技股份有限公司

该公司主要技术方向是高耐候等高性能塑料合金材料技术；高耐候、仿金属、高透明高分子功能膜技术；可生物降解材料技术；高耐候、抗静电等功能母料技术。产品技术水平处于国内领先水平、国际先进水平。自主研发高光泽挤出级 PMMA 合金料解决了在表面光泽度这一问题，突破日本企业垄断，光泽度指标高出日本企业 10%，赢得国内客户市场用量 50% 以上订单。

一、经营总体情况

该公司成立于2007年，是集研发、生产、销售、服务于一体的科技型高新技术企业，拥有广汉市川雄新材料有限公司和芜湖市天雄新材料科技有限公司两家子公司。主营产品有改性PMMA、ASA、ABS、PVC、PP等塑料合金材料以及功能母料、高分子膜、可生物降解材料、塑料添加剂。产品主要应用在塑料建材门窗、木塑地板、屋面瓦、汽车内外装饰件、电子电器等领域。2020年，营业收入1.04亿元、利润1 746万元、税收贡献550万元。目前拥有高新技术企业、科技型中小企业、佛山市细分行业龙头企业、安全生产标准化三级企业、2015—2020年连续六年被评为广东省守合同重信用企业、中国建筑金属结构协会理事单位、屋面瓦委员会常务理事单位、顺德民营企业发展商会副会长单位、中国塑料加工工业协会型材门窗委员会优秀会员单位、ISO9001质量管理体系认证证书等多项资质。2018年在新三板挂牌上市。

二、创新驱动发展情况

该公司主要技术方向是高耐候、高抗冲、高光泽、阻燃、低吸热、仿金属、仿木纹等高性能塑料合金材料技术，高耐候、仿金属、高透明高分子功能膜技术，可生物降解材料技术，高耐候、超分散、抗静电、仿木纹等功能母料技术。拥有专职科技人员15人、技术顾问3人，其中具有高级职称以上3人、中级职称以上3人，占比36%；公司研发费用每年投入占销售额比例4%～5%，2020年研发投入475万元，占营业收入的4.6%；依托公司成立了广东省高性能塑料合金材料工程技术研究中心；与广东省轻工职业技术学院、江门市职业技术学院、农业农村部沼气科学研究所等建立了产学研合作关系。申报发明专利17项，其中获得授权发明专利 8 项，授权实用新型专利 5 项。

该公司生产经营方面主要采用绩效考核制度进行管理，要求各职能部门每年度根据公司战略规划和目标进行分解，做好职能部门的考核目标和工作计划，设置职能部门 KPI 考核指标，积极推行 5S 及精益生产活动，建立 ISO9001 质量管理体系，不断推动产销研重点部门进行有效的持续改善。每年研发投入占公司营业额 4% 以上，为研发工作提供有力保障；建立了规范的研发流程和项目管理制度，确保研发工作有据可循、有条不紊地开展，设置年度创新突破奖、专利技术开发专项奖、新产品投产提成奖、产量绩效考核奖等活动鼓励研发创新；通过内外部专业技能培训提高研发队伍的综合技能，使员工整体素质不断提高；加大与学校、合作研究机构的合作力度，依托产学研和研究机构平台实现研发技术成果快速转化。在人才激励制度方面，首先是根据不同职能部门建立不同岗位技能晋升制度，采用年度自主申报加评审的方式；其次是通过股份公司建立员工持股平台，对重点岗位人才进行发放股权、期权的激励；再次是设立年度优秀员工奖；最后是提供各职能岗位的外派培训学习提升机会。

三、市场竞争力情况

该公司经营产品处于国内及全球产业链中游，产品技术处于国内领先水平、国际先进水平。2010 年，技术团队成功自主研发高光泽挤出级 PMMA 合金料，而在此之前，该产品市场基本被日本企业垄断，关键问题就是 PMMA 材料在共挤出生产工艺成型的产品表面光泽度问题。该公司通过自主研发的共混改性合成工艺成功解决了这一问题，其中光泽度指标高出日本企业 10%，从而赢得国内客户市场 50% 以上订单。产品主要应用在国内，2019—2021 年的销售量逐年增长 5% ~ 20%，目前产品主要销售地区为长江以北地区，其中 2020 年主要产品 PMMA、

ASA、PVC 塑料合金的销售额约 8 500 万元，功能母料销售额约 1 900 万元；国内 PVC 型材、PVC 木塑地板市场占有率达 15% 以上；国内外供应链合作伙伴情况如下：上游合作供应链企业主要有韩国 LG、韩国锦湖、日本 UMG、万华化学等，下游合作客户主要有海螺新材、中财型材、实德型材、高科型材、森泰木塑等。

案例34
广东新绿源化工有限公司

该公司致力于化肥添加剂研发、化肥添加剂生产、减少化肥添加剂土壤污染等技术领域的开发研究。两项自主研发成果均获得了国家发明专利，填补了广东省在化肥添加剂上的技术空白，是广东省唯一一家研发肥料防结剂的化工企业。该公司在广东省内的市场占有率已达95%以上，在湖南、广西、海南等地的市场占有率也达80%以上。现已成为广东省最大、全国第二大的化肥防结剂生产企业。

一、经营总体情况

该公司成立于2006年，专业研发、生产、销售化肥防结剂、化肥染色剂、多功能包裹剂、造粒改良剂和肥料生产过程助剂等精细化工产品，是具有强大科技创新能力的高新技术企业。2011年，两项自主研发成果获得了国家发明专利，填补了广东省在化肥添加剂上的技术空白；目前公司是“湛江师范学院专业实习基地”“广东海洋大学产学研实践基地”，还被认定为“湛江市自主创新企业”“湛江市民营科技企业”；获得“纳税信用A级荣誉证书”与“国家级高新技术企业”称号。2021年企业总收入约3 000万元，营业利润43万元，税收贡献70多万元。

二、创新驱动发展情况

该公司通过自主创新、产学研合作和对外合作等形式，致力于化肥添加剂研发、化肥添加剂生产、减少化肥添加剂土壤污染等技术领域的开发研究。该公司年生产肥料防结剂过万吨，化工颜料5 000吨，是广东省唯一一家研发肥料防结剂的化工企业，目前职工总数15人，其中行政管理人员8人，约占53%，研发技术人员7人，约占47%。同时公司与广东海洋大学保持长期的产学研合作关系，为研发团队不断培育人才与提供人才。2021年研发费用约为100万元，研发投入在营业收入中的占比为3.3%。经过多年的研究开发和技术创新，公司现有2项有效发明专利，3项新的发明专利已通过评审。

该公司制定了成套的科研管理制度，包括《科研项目管理制度》《研发投入与核算管理制度》《知识产权管理制度》《培训管理规定》。同时为加强科研人员开发的积极性和项目立项管理，制定了《研发人员绩效考核奖励方案》《人才引进、使用管理办法》《研发中心管理办法》。通过这一套有效的科技创新与技术研发管理制度，该公司的科技研发水平得到极大的提升，目前已成为广东省最大、全国第二大的化肥防结剂生产企业。

三、市场竞争力情况

该公司设有遂溪分公司和湛江开发区分公司，生产基地位于湛江市岭北工业园，占地88亩，产品行销至广东、广西、湖南、贵州、重庆、四川、湖北、河南、河北、山东、北京、黑龙江等全国34个省级行政区市，其中，在广东省内的市场占有率已达95%以上，在湖南、广西、海南等地的市场占有率也达80%以上。著名肥料厂家芭田集团、拉多美集团都是该公司的多年合作伙伴，拉多美集团已在湛江市岭北工业园新建生产基地。目前，行业内要求肥料产品防结块，特别是全水溶化肥使用已成为行业发展趋势，但化肥全水溶性与防结性具有矛盾性，全水溶性防结剂制备因此成为一项突破性技术。该公司加大研发力度，研发了“一种针对全水溶性肥料的防结块剂及其制备方法”并申请专利，在全水溶化肥使用上得到了广泛认可。

案例 35
广东信隆新材料股份有限公司

信隆塑料
SEONLON PLASTIC

该公司从事 PC 改性工程塑料的研发与生产，成果技术和产品性能均达到国内领先水平，部分达到或接近国际先进水平。国内每年超 6 亿个电工照明产品，均采用信隆的材料。PC 改性塑料产品细分市场占有率超过 30%，在全国同类产品行业中排名第一位。

一、经营总体情况

该公司位于佛山市顺德区杏坛镇，成立于2009年，当年的杏坛是废旧塑料集散地，但该公司从诞生起就进行高端定位，重塑发展新格局，从小到大，从弱到强，从岭南崛起，从低端产业中涅槃，竞逐新经济蓝海。该公司通过改革创新之路成为顺德村级工业园的一颗明星，旗帜鲜明地为顺德亮出了以新材料为主的新兴产业新名片。

该公司是集研发、生产、销售、技术服务于一体的国家高新技术企业，专注从事PC改性工程塑料的研发与生产。20多年来，深耕于电工行业、照明行业，在行业中获得良好认可度与美誉度，目前已成为行业的领跑者。

该公司实力雄厚，秉承“客户为尊、信誉为本、质量为先”的经营理念，致力于改性PC材料的研发与产业化推广，产品广泛应用于各大品牌电器、通信、光电等领域，年生产能力达到4万吨以上。该公司注重新产品研发、技术创新体系建设和自主创新能力的提高，2019年底，该公司股改完成，进入上市辅导期；2020年成功通过高新技术企业复审，获评中国塑料加工行业“科技创新型优秀单位”；2021年公司被评为佛山市专精特新企业，企业工程技术研究中心被认定为佛山市工程技术研究中心。

二、创新驱动发展情况

该公司于2011年10月组建企业工程技术研究中心。近年来，该中心累计投入的科研经费超过1 000万元，用于新产品的研发和工程中心平台建设。经过近几年的建设发展，中心人员、组织结构及管理、设备资源不断完善，形成了一支富有创新意识、攻关能力、实干精神和产业化经验的技术团队，现有专职研发人员22人，其中博士2人、硕士3人，聘请7名业内和高校知名专家以及1名日本改性塑料专家作为该公司的技术顾问。

该中心多年来一直致力于改性PC材料领域产品工程化应用技术研究，同时与国内高校、研究所建立了良好的合作伙伴关系，实现了与国内高校、研究所的资源共享，形成了“产、学、研”结合的良性循环。已成功研发16个系列高技术产品，获得16项关键核心技术，取得一批具有自主知识产权和重大创新性的成果，成果技术和产品性能均达到国内领先水平，部分达到或接近国际先进水平。公司已取得授权发明专利2项、实用新型专利5项。

为强化产品质量，该公司率先在行业内推行并通过了ISO9001质量管理体系认证、ISO14000环境管理体系认证、ISO45001职业健康安全管理体系认证，获得测量体系3A级证书及安全生产标准化三级企业证书，成功导入卓越绩效管理模式，导入实施经营生产等先进管理模式，建立了系统、完善的质量控制体系和售后服务网络。从产品设计、生产过程、产品试验、供应商、售后市场五个方面实施全流程质量监控体系，通过定期质量分析实现产品质量水平的进步，以提升核心竞争能力。

该公司材料取得UL黄卡认证、PCR认证，并有多个发明专利和实用新型专利获得授权。拥有国内顶尖的技术研发团队及世界领先的分析实验设备，致力于为客户提供全方位的材料及产品解决方案。

三、市场竞争力情况

目前，全球塑料年产量已超过2亿吨，其中塑料年产量超过1 000万吨的国家有5个，即中国、美国、德国、日本和韩国，其中亚洲塑料产量在各大洲中增长速度最快。截至2020年底，全球PC年总产能约为640万吨。从产能区域性分布来看，中国以166万吨的总产能继续居全球第一位，占全球总产能的26%。美国和韩国分别居于第二、三位，分别占全球总产能的14%、13%。该公司的主要应用产品——聚碳酸酯（PC）作为五大工程塑料中唯一的透明产品，国内外产能和消费量增长迅猛，2017—2021 年 PC 年均消费增长率约为 12%。

随着汽车、电子、通信等相关行业的发展，PC 改性塑料的应用也不断增长，其应用遍及工业、农业、医疗、航天航空、军工和民用等各个领域，成为各行业中不可缺少的新型材料，市场需求也日益增长，促进了 PC 塑料改性技术的发展。

该公司产品广泛应用于各大品牌电器、通信、光电等领域，年生产能力达到 4 万吨以上。国内每年超 6 亿个电工照明产品，均采用信隆的材料。欧普、佛山照明、三雄极光、施耐德、正泰、公牛等知名品牌都是信隆的直接或间接客户。

该公司 2019 年的 PC 改性塑料产品销售额为 5 468. 84 万元，2020 年的 PC 改性塑料产品销售额超过 7 000 万元，2021 年的 PC 改性塑料产品销售额超过 2 亿元，细分市场占有率超过 30%，在全国同类产品行业中排名第一位。

改性材料混料前的上料，若完全靠人工按配方投料，不仅成本高，而且容易出错，为解决这一问题，该公司与自动化设备公司通过两年的协同研发，投入较高的成本，成功开发出自动化投料系统、自动化计量系统。

案例 36
广东优巨先进新材料股份有限公司

youju
优巨新材

"

该公司专门从事聚芳香醚系列先进特种工程塑料与特殊化学品的研发、生产、销售及应用化服务，是全球第三家、国内首家拥有自主知识产权的年产万吨级全系列聚芳醚砜产品生产能力的高科技企业。成功打破了国外技术封锁，公司产品已经进入了华为、Uponor、Koch、Koehler Paper、RWC 等各行业知名企业供应链系统。

"

一、经营总体情况

该公司成立于2012年，是一家专门从事聚芳香醚系列先进特种工程塑料与特殊化学品的研发、生产、销售及应用化服务的科技型企业。聚芳香醚系列特种工程塑料是居于高分子行业顶端的一系列材料，无论是普通日常生活行业还是最尖端的科技行业都离不开聚芳香醚系列材料，如婴幼儿奶瓶和食品行业应用的聚醚砜PPSU，电子产品连接器及芯片用的聚芳醚聚酯TLCP，制造业广泛应用聚醚醚酮PEEK，汽车发动机部件用的聚芳醚酰胺PPA，以及广泛应用于食品、医疗、汽车、航天航空等的聚醚酰亚胺PEI等。2020年，公司营业收入超过2.4亿元，利润总额2 700万元，税费合计1 200万元。通过了IATF16949质量管理体系认证、ISO9001质量管理体系认证、ISO14001环境管理体系认证和ISO45001职业健康安全管理体系等认证。聚芳醚砜系列产品（包含PPSU、PES、PSU）通过了美国UL认证、美国水接触式NSF认证、英国WRAS认证、德国KTW认证、法国ACS认证、德国W270认证、美国食品药品FDA标准检测、欧盟食品EN标准检测、医疗ISO10993标准检测等，符合REACH、RoHS等环保指令要求，产品远销北美及欧洲主要发达国家和地区，获得全球各应用领域客户的普遍认可。2020年9月初，公司完成股份制改革。2020年11月底与2021年11月底，通过股权融资，引入深创投集团、时代伯乐、架桥资本、深创投红土一号基金、深创投新材料基金、暴峰创优、国信亿合等创投机构股东。公司于2022年上半年完成上市辅导验收，并正式申报上市审核。

二、创新驱动发展情况

该公司在特种高分子材料聚芳醚砜系列（包含PPSU、PES、PSU）及聚芳醚酮（PEEK）、聚苯硫醚（PPS）、热致液晶聚合物（TLCP）、耐高温尼龙（PPA）、聚醚酰亚胺（PEI）、透明芳纶（PEA）等研究领域均取得重大突破并申请自主知识产权。尤其在聚芳醚砜系列产品的产业化方面取得显著成果，建成年产 10 000 吨规模的聚芳醚砜生产线并顺利投产，部分技术达到国际先进水平，整体达到国内领先水平，打破聚芳醚砜产品被国外企业垄断的现状。

该公司为国家高新技术企业，建立了市级和省级工程技术研究中心。目前已形成一支专业带头人引领、技术骨干支撑、结构合理、技术过硬、拥有丰富的特种工程塑料行业经验的团队。截至 2021 年末，拥有以 5 名博士（其中 4 名从事博士后研究）、9 名硕士、51 名本科等各层级人才组成的核心团队，涉及高分子合成、高分子纯化、化学工程与工艺、复合材料改性、注塑成型等多个技术领域，覆盖了聚芳醚砜技术和产品的各环节。荣获第三届中国创新创业大赛优秀企业、广东省科技进步奖二等奖、广东省科学技术奖三等奖、江门市“科技杯”创新创业大赛特等奖（金奖）、江门市“科技杯”创新创业大赛最具潜力科技创业奖、江门市科学技术奖励一等奖等荣誉。2020 年，获得专精特新中小企业、科技型中小企业资质。2020 年，研发费用近千万元、职工总数 200 余人、研发人员 36 人，研发人员占比约 18%，拥有授权发明专利 24 件。公司与华南理工大学、桂林理工大学、湘潭大学等科研院校均有产学研合作项目。

该公司制定《研发中心管理制度》《实验室卫生和安全规范管理细则》，提供专门的研发场地和先进的设施设备，为研究开发提供优良的环境。制定《科研项目管理制度》，规范科研项目的管理，保证科研计划顺利完成，达到立项目的；制定《研发投入核算财务管理制度》，加强对研发投入费用的管理，提高项目资金使用效益。制定《研发人员绩效考核奖励制度》《员工培训管理办法》《技术人员培养进修管理办法》《关于引进、激励优秀人才管理办法（试行）》《开放式的创新创业平台运行办法》等，激励科研人员，推动公司技术进步。制定《产学研合作管理制度》，联合国内高校及科研院所联合开发，与湘潭大学签订技术开发合同；

与桂林理工大学签订“共建实践教学基地”协议，培养高质量人才；计划聘请专家学者作为常年技术顾问，在研究方向、研发技术、研发组织等方面进行指导，有力保证中心科研开发工作的先进性和高效性。

三、市场竞争力情况

聚芳醚砜俗称“黄金塑料”，其生产技术一直为国际化工巨头所有，其产业化技术对中国实行技术保密与封锁，一些高端的产品甚至对中国实行禁运。目前，全球能够提供全系列聚芳醚砜产品的仅有苏威先进聚合物有限公司和巴斯夫化工有限公司两家，我国高性能聚芳醚砜材料受供给、技术封锁等因素影响一直无法大规模应用。该公司聚芳醚砜系列产品的成功产业化，使得公司成为全球第三家、国内首家拥有自主知识产权的年产万吨级全系列聚芳醚砜产品生产能力的高科技企业，打破了国外技术封锁，正在逐步扩大具有自主知识产权的高性能聚芳醚砜类材料的市场份额和应用领域。近五年销售复合增长率超过50%。公司产品已经进入华为、法雷奥市光（中国）车灯有限公司、deSter Co.，Ltd.、PPG、山东新华医疗器械股份有限公司、Uponor、Koch、Koehler Paper、RWC等各行业知名企业供应链系统。

案例 37
珠海市鼎荣塑胶制品有限公司

"

该公司致力于研究开发、生产和销售化妆品包装及配件等，在国内首次将低碳排放 PCR 材料注塑件应用在化妆品包材上，是一家在化妆配件制造技术方面行业领跑的中外合资企业。主要客户均为 Amway、香奈儿、Burt's Bee、娇韵诗、雅诗兰黛、欧莱雅、Coty、VS 等世界著名化妆品品牌。

"

一、经营总体情况

该公司成立于2013年，坐落于珠海市红旗镇小林山南大显工业园，拥有占地17 000平方米的办公大楼、生产大楼及现代化的生产线，是一家集市场调研、项目研发、销售和售后服务为一体的化妆品包装及配件生产型企业。因业务规模扩展需要，2016年9月被设在香港的FULL HEART INNOVATION CO.，LIMITED收购，2021年由珠海市优伴投资合伙企业（有限合伙）增加投资成本400万元，转型为中外合资企业。其间，公司销售额迅速增长，2015—2019年，年销售额由654万元增加至1.13亿元，每年出口创汇1 500万美元，税收贡献每年150万元。2017年被认定为高新技术企业；2018年被认定为珠海市成长型企业百强；2019年被认定为珠海创新企业百强，进入珠海市重点企业名录等；2020年被认定为广东省专精特新中小企业；2021年被认定为珠海市专精特新中小企业，并取得中国环境标志产品认证、BSCI/SMETA、ISO9001质量管理体系认证、ISO14001环境管理体系认证、两化融合管理体系认证、GRS（GLOBAL RECYCLED STANDARD 4.0）认证等资质。

二、创新驱动发展情况

该公司研发的产品大部分属于自主研发，部分项目与广东科学技术职业学院进行了产学研合作，拥有产品设计师，结构工程师，IE、PE及QE工程师等组成的研发团队。截至2020年12月，该公司拥有已授权专利37项，其中发明专利10项、实用新型专利20项、外观设计专利7项。企业负责人刘庭男系研发中心带头人，刘丽美及其他研发管理人员在本领域拥有丰富的经验和研究技术，同时聘请高校专家为公司定期服务，指导技术中心工作，保证项目的顺利开发实施。

该公司在化妆配件制造技术方面领跑行业。近些年，企业内部科研立项50项，并先后申请25项专利，研发费用占营业收入约为5.83%；现有员工总人数为286人，科技人员50人，占职工总数的17.48%。公司采用人性化管理模式，根据实际情况为管理和科研人员安排合适的学习培训，使其与本企业、本行业共同发展。

此外，该公司还建立了一套健全的管理制度，对经营风险的防范起决定性作用，包括安全生产制度、内部控制制度、授权报批制度等。建立《研发立项管理制度》《研发资金管理办法》《研发经费投入核算与管理制度》和《研发人员绩效考核奖励办法》，前期立项和研发过程等严格按照制度执行。经费使用严格按照经费管理要求执行，专款专用。

三、市场竞争力情况

该公司主要产品有挤吹瓶系列、注吹瓶系列、注塑厚壁瓶系列、化妆笔系列、口红管系列等，专利技术产品有软瓶阀门、带灯化妆容器、多功能化妆笔等。在国内首次采用低碳排放PCR材料注塑件应用在化妆品包材上，原材料成本低、耐化性突出、适用范围广、环保可回收、成型难度高，在彩妆业内此前未有先例可循；密度大，分子结构紧密，可做到将容器内容物很好地阻隔起来，使其无法从容器的分子间空隙渗透，在化妆配件领域具有特殊的先进性。公司的主要客户为Amway、香奈儿、Burt's Bee、娇韵诗、雅诗兰黛、欧莱雅、Coty、VS等世界著名化妆品品牌。其中前五大客户如表所示：

客户名称	客户性质	产品终端品牌	销售产品	2021年销售额/万元	占销售比重/%
Gradient Decor Vivienne Cosmetics Ag	品牌商	Vivienne	传统彩妆	3 916.07	31
美葛依妮中山公司：馥琳化妆品有限公司	ODM、OEM、灌装厂	NYX	阀门专利产品	1 563.61	12

（续上表）

客户名称	客户性质	产品终端品牌	销售产品	2021年销售额/万元	占销售比重/%
Luxcos S. A.	ODM、OEM、灌装厂	Essence	传统彩妆	1 109.2	9
Nate Packaging	贸易商	Burt's Bee	环保唇膏、口红彩妆	508.86	4
丽星塑料制品（安徽）有限公司	ODM、OEM、灌装厂	欧莱雅	阀门专利产品	425.55	3

为进一步加大宣传力度并提高服务质量，拓展欧洲及周边国家的客户以及推广公司产品，公司每年定期参加 Bologn Firer Fair Districe，Piazza Della Costituzione，Bologna（ITALY）举行的博洛尼亚国际美容展、亚太美容展、中国美容博览会，推广眼妆、唇部、面部、滚珠系列等传统挤吹及彩妆系列产品化妆包材，利用中国美容化妆品行业发展提供的交流、合作渠道，提升企业在行业中的品牌形象，开拓欧洲市场。此外，公司积极响应“一带一路”倡议，寻求合作伙伴，搭建有效平台，实施品牌战略，丰富和深化服务种类，建立一套完善的市场信息网络体系；同时降低成本，提高综合服务水平，增强服务适应市场变化的能力，制定合理的销售价格，提高公司竞争力。

4 生物与新医药领域

生物医药产业包括生物技术产业与医药产业。2021 年，广东省生物医药与健康产业实现增加值 1 315 亿元，比上一年增长 13.1%；部分创新药和高端医疗器械制造取得突破。“十四五”期间，广东省提出打造万亿级生物医药与健康产业集群，建成具有国际影响力的产业高地①。根据高新技术企业火炬统计，在全省 6 万多家高新技术企业中，生物与新医药领域有 0.33 万家，占比 5.5%，生物与新医药领域企业数量居各技术领域第五位。

① 资料来源：http：//www.chinahightech.com/html/chany/swyy/2023/0118/5658995.html。

案例38
佛山市铁人环保科技有限公司

铁人环保
IRONMAN

该公司致力于土壤健康事业，在重金属修复治理技术、叶面阻控剂技术领域，研制了叶面阻控剂“降镉灵”“喷喷富”重金属治理产品，以及“钛安光触媒”空气净化剂等新技术、新工艺、新产品。叶面阻控剂等核心产品，实现了农田重金属污染控制技术的产业化，是我国目前农田重金属污染治理应用面积最大的技术与产品。

一、经营总体情况

该公司成立于2012年，由中国科学院和佛山市人民政府共同孵化而成，由佛山市环境保护投资有限公司（以下简称“环投公司”）、广东省科学院生态环境与土壤研究所（以下简称“土壤所”）等单位共同持股。该公司主营业务为农用地土壤重金属污染治理，致力于土壤健康事业，主营农用地土壤重金属污染治理，兼营耕地质量保护与提升、场地调查与修复、农业面源污染治理以及全域土地综合整治与乡村振兴服务。粮食的数量与质量安全是国家安全的基础，习近平总书记多次强调：“中国人的饭碗任何时候都要牢牢端在自己手上，我们的饭碗应该主要装中国粮。……一个国家只有立足粮食基本自给，才能掌握粮食安全主动权。”面对这一重大国家需求，该公司以科技创新为抓手，经过10年的发展，在我国农用地土壤重金属污染治理领域的综合实力处于前列。时任广东省委书记汪洋、胡春华均曾到公司视察指导。

二、创新驱动发展情况

该公司在重金属修复治理技术、叶面阻控剂技术领域充分发挥财政资金的引导带动作用，近三年累计研发投入1 196万元，占累计营业收入比例约为5.8%，研制了叶面阻控剂“降镉灵”“喷喷富”重金属治理产品，以及“钛安光触媒”空气净化剂等新技术、新工艺、新产品。

在产学研合作方面，该公司主动对接知名高校院所建立产学研合作关系，引进吴丰昌院士团队。同时，该公司持续加强载体建设，被成功认定为高新技术企业、国家知识产权优势企业、广东省专精特新企业、佛山市瞪羚企业和佛山市细分行业龙头企业等。

在知识产权方面，公司高度重视知识产权的创造、运用、管理、保护，2019

年获批为国家知识产权优势企业，获知识产权管理体系认定。所获的专利申请总数33个，其中发明专利13个、实用新型专利6个、实审专利14个，合计专利授权总数19个。依托专利技术，该公司获得广东省技术发明奖一等奖、科技进步奖一等奖各1项，科技成果转化项目2个；参编3项广东省地方标准、2项团体标准，增强了企业参与更高领域市场竞争的综合实力。

在人才培养方面，该公司拥有一支技术强、专业精和团队拼搏精神好的优秀科研团队。2020年，该公司成为国资性质的企业，土壤所作为公司的技术支撑单位，协助加强研发人才团队建设，进一步健全科技人才激励机制，加大科技奖励力度，切实调动科技人员的积极性、主动性和创造性，促使优秀创新人才脱颖而出，着力培育了一批高层次专业技术拔尖人才。目前，该公司拥有科技人员60人，占比约65%（员工总数93人），专业研发人员23人，占比约25%，并且有5名环境领域资深工程师和4名博士学历人才。

在机制建设方面，该公司已逐步建立起以效益为核心的考核机制和体制，将效益指标层层分解到各部门直至个人，考核体系设计简单、实用、有效、科学。针对该公司核心部门，制定了一系列管理制度，如《研发中心管理章程》《研发生产设备管理制度》《技术研发项目管理制度》《研发人员考核奖励办法》《知识产权管理手册》《科技成果（含专利）转移转化管理实施办法》等，并严格按照规章制度执行。每月定期开展培训，采取“线上+线下”、理论与实践相结合的培训方式，使员工能够掌握本岗位的工作技能，最大程度地减少工作失误，形成依据制度办事的习惯，提高工作效率。

三、市场竞争力情况

目前国内相关技术与产品的标准化程度较低，缺乏风险评价体系，对重金属在农田系统行为过程的理论研究不足，造成治理技术适应性不足。公司技术产品从调控茎叶分配、运输蛋白活性、竞争运输通道等方面入手抑制镉砷运输，同时从喷施时间、气候、剂量等方面入手实现了精准阻控。根据土壤重金属污染程度、各项技术的实施成本与可操作性，研发了土壤重金属钝化与叶面重金属阻控的组合技术，克服了传统重金属污染土壤治理的耽误农时、产生环境风险副产物及高成本弱点。

该公司组合技术可行、操作简单、修复效果显著，易于被农民所接受。土壤调理剂具有缓释效果，可减少撒施次数，降低劳动力成本，修复治理过程中无须高劳动密度的农艺调理措施。叶面阻控剂施用方便，经简单培训后，农户就可以自己操作。该技术经济高效，适合于大面积推广使用。

该公司以农产品安全为核心目标，以叶面阻控剂等为核心产品，实现了农田重金属污染控制技术的产业化。该公司的技术成果已在广东、广西、湖南、湖北、贵州、四川、浙江、重庆、江西等 18 个省区市经过多年的验证与大面积实施，其高效率、低成本、易实施的优点得到政府与市场的认同。推广面积超过 400 万亩，这将是我国目前农田重金属污染治理应用面积最大的技术与产品。

案例 39
广东德美精细化工集团股份有限公司

Dymatic 德美

“ ”

该公司致力于纺织印染助剂的研发、生产、销售，是我国纺织印染助剂行业的龙头企业之一。公司纺织化学品的“德美助剂”品牌被中国品牌推广协会认定为“中国重点推广知名品牌”，公司环戊烷系列产品的“美龙环戊烷”品牌在环戊烷市场已成为行业的领导品牌，公司皮革化学品的“亭江”品牌已成为国产清洁化制革新材料一流品牌。

一、经营总体情况

该公司始创于1989年，位于广东省佛山市顺德高新区（容桂）科技产业园内，是集研发、生产、销售于一体的现代化国家高新技术企业、广东省百强民营企业、佛山市自主创新示范企业及顺德区重点骨干企业，是我国纺织印染助剂行业的龙头企业之一。曾获得“广东省著名商标”“广东省名牌产品”“广东省质量管理先进企业”“广东省上市企业100强”等多项荣誉称号。先后通过了国际权威认证机构BSI的ISO9001质量管理体系认证和ISO14001环境管理体系认证，主要生产纺织印染助剂（包括前处理助剂、印染助剂和后整理助剂等），兼营其他精细化学品。2020年，该公司主营业务收入16.26亿元，净利润1亿元。

二、创新驱动发展情况

作为行业龙头企业之一，该公司始终贯彻“技术领先战略”，坚持以技术创新引领行业发展，积累了雄厚的技术实力。2001年，组建广东省工程技术研究开发中心。2003年，设立博士后科研工作站。2005年，组建广东省省级企业技术中心。2010年被评为国家纺织助剂产品开发基地。2013年，获得全国唯一的“全国环保印染助剂技术研发中心”称号，同年，成立广东德美精细化工集团股份有限公司院士专家企业工作站。2014年，企业技术中心成为国家认定企业技术中心。2015年，公司研究院被评为广东省新型研发机构。2019年，公司被评为国家知识产权优势企业及广东省知识产权示范企业。

该公司注重技术创新，研发费用投入逐年增长，年均研发投入在销售收入的3%以上。公司在自主研发的同时积极同国内外高校、科研单位进行产学研合作，研发高科技产品，多年来与国内外多所高校（如美国佐治亚大学、美国北卡罗来纳州立大学、东华大学、大连理工大学、四川大学等）建立了紧密联系。推动企业稳步发展，例如，于2003年与“211工程”大学——东华大学（原中国纺织大学）合作，成立了东华－德美染整技术中心。

在管理制度建设上，德美化工技术中心制定了一系列管理流程和制度，涉及工作中的各个环节，如《新产品开发管理制度》《知识产权奖励制度》《标准奖励制度》及《科技进步奖奖励制度》等。2013年与四川大学共同组建了德美化工－四川大学制革清洁技术国家工程实验室联合实验室。2011年与中科院广州化学研究所设立了中科－德美节能环保印染助剂新材料与技术合作平台。

该公司通过政府部门科技成果鉴定验收项目5项，获得国家化学工业部科技进步二等奖项目2项，获得市级以上科技进步奖励共11项，获得各级专利奖励4项。历年参与制定国家、行业标准及地方标准共34项，推动了国家和行业标准的全面升级，推动了中国节能环保纺织化学品产业化、标准化的进程。公司积极开展原创性技术创新活动，加强知识产权保护，目前，共申请国家发明专利104件，获得授权且有效的发明专利共50件。

三、市场竞争力情况

该公司作为行业龙头企业，高度重视产品研发和技术创新，坚持实施科研兴企战略，逐步建立和完善企业的技术创新激励机制。经过多年的发展，公司逐步成立了国家级企业技术中心、省级工程技术研究中心、东华－德美染整技术中心、企业博士后科研工作站和院士专家工作站，是行业内唯一的国家纺织助剂产品开发基地。

该公司依靠自身的各种技术平台，先后从国内外印染行业技术权威部门、科研院所聘请了一批知名专家常年担任技术顾问，同时培养了大量的博士、硕士等科研人员成为企业的技术骨干，从而大大加快了技术创新步伐，不断提高公司的研发技术水平。

在渠道服务覆盖方面，公司通过建立扁平化的销售渠道覆盖终端市场，分别在纺织印染企业比较集中的浙江、江苏、福建、广东和山东建立生产基地和销售子公司，以方便为客户提供就近服务，同时降低中间环节的费用，让利于下游客户。因国内成本上升，国内印染企业逐步将生产基地转移到东南亚，公司积极开拓印度尼西亚、巴基斯坦、印度、孟加拉国、泰国、越南等市场，并成立了海外印尼公司，继续践行“商务代表 + 技术工程师”模式，拓展当地市场。通过与 Mercer、DDI 等全球知名咨询公司合作，形成一套系统、专业的适合德美的干部培养机制，陆续开展领导力、核心干部培养、各体系关键岗位人才培养等项目，且与外部知名培训机构达成战略合作，定向派员参加课程学习，综合提升人才竞争力；通过行业平台资源猎取高层次人才、德美博士后工作站孵化、联合国内知名高校开展研究生培养项目等渠道，吸纳一批专业基础扎实的高素质人才。按照“品牌”模式进行管理，公司纺织化学品的“德美助剂”品牌被中国品牌推广协会认定为“中国重点推广知名品牌”，公司环戊烷系列产品的“美龙环戊烷”品牌在环戊烷市场已成为行业的领导品牌，公司皮革化学品的“亭江”品牌已成为国产清洁化制革新材料一流品牌。

该公司以“发展企业发展人，为行业为人带来进步”为企业使命，以“携手创造，共享未来”“开心工作，愉快生活”为企业核心价值观，合作、认同、分享文化对激发员工的工作积极性、提升员工对公司的忠诚度发挥着积极作用。在这种文化的号召下，公司集聚高端人才，为公司长远发展奠定坚实的基础。

案例 40
广东新宝堂生物科技有限公司

新宝堂®
新会陈皮
XIN BAO TANG CHEN PI
始于1908

该公司致力于新会陈皮及新宝堂生物科技新会柑综合利用项目的深化研究，是一家集新会柑种植基地、原材料批发、食品研发深加工、连锁专卖店和电子商务、生物科技和制药于一体的新会陈皮实业开发公司。作为“广东老字号”，销售版图覆盖 34 个省区、1 869 个城市，并在中国香港和澳门成立分公司，促进新会陈皮走向世界。

一、经营总体情况

该公司创立于光绪三十四年（1908 年），是一家有百年历史、具有深厚品牌文化底蕴的“广东老字号”企业，同时也是广东省非物质文化遗产“新会陈皮制作技艺”传承人单位和省级非物质文化遗产生产性保护示范基地、科技部立项的“广陈皮生态种植示范基地和产地技术加工示范”企业、商务部核准备案的实行特许经营企业、新会陈皮国家现代农业产业园科技创新区龙头企业、国家高新技术企业。已获得中华人民共和国新会海关核发的《出口食品生产企业备案证明》，拥有出口资质。新宝堂的“一种增强免疫力新会陈皮酵素饮料的制备方法”发明专利已获得国家知识产权局授权。该公司现已发展成集新会柑种植基地、原材料批发、食品研发深加工、连锁专卖店和电子商务、生物科技和制药于一体的新会陈皮实业开发公司。

2020 年，广东新宝堂制药有限公司成立，该公司正式进入中医药产业市场。新宝堂在陈皮行业内率先通过广东省药品监督管理局验收批复，拥有药品生产许可资质，第一期中药饮片、中药材严格按照《中国药典》标准生产，执行国家 GMP 体系标准和相关法规，树立广陈皮道地药材标杆，广陈皮、新会陈皮中药饮片和中药材产品正式推出，第二期中药水丸、中药大蜜丸、中药膏方等中药制剂中成药生产车间已建设完成。

二、创新驱动发展情况

该公司科研团队致力于新会陈皮及新宝堂生物科技新会柑综合利用项目的深化研究。2022 年 5 月，广东新宝堂制药有限公司与南方医科大学中西医结合医院制剂中心、中药新药研发中心正式挂牌成立，新宝堂与南方医科大学中西医结合医院将围绕新会陈皮“理气健脾、燥湿化痰”的药理药效，结合临床经典名方，研发具有益气活血、化瘀通络、治疗脑血管疾病等功效的中医新药和系列院内制剂，深入挖掘新会陈皮药用价值，守正创新，为道地药材向中药现代化产业发展迈出坚实步伐提供支持。

该公司共有员工及专家团队 100 人，其中从事研发工作的员工有 8 人、专家团队共 11 人，科技人员在员工中的占比为 19%。

该公司成立后，项目以生物技术结合中医药技术为核心，以新会柑果肉为母液，结合新会陈皮、人参、黄精、枸杞子、山楂等药食同源的中药材，通过生物发酵技术将之转化成陈皮酵素，将新会柑肉“变废为宝”。目前与中国药科大学、台湾南台科技大学、中山大学、五邑大学、广州医科大学、广州中医药大学、中南财经政法大学、华南理工大学、广东省中医院、南方医科大学中西医结合医院、中国农业科学院南方经济作物研究中心、广东省农业科学院农业生物基因研究中心。

该公司科研团队承担、主持广陈皮研究国家级、省级自然基金项目多项，发表 SCI 国际期刊论文 8 篇、国内研究论文 20 篇，申请发明专利 6 项，负责起草的陈皮药材质量标准被《美国药典》收录。其中，发表的 SCI 论文《川陈皮素对鼻咽癌 C666－1 细胞的抑制增殖及诱导凋亡作用》，证实川陈皮素可显著抑制鼻咽癌 C666－1 细胞的增殖和诱导细胞的凋亡。新宝堂与南方医科大学中西医结合医院对陈皮酵素抑制肝纤维化的研究成果《陈皮酵素可体内抑制小鼠的肝纤维化》成功发表。新宝堂陈皮酵素整体技术经广东省南方食品医药行业评估中心评估达到国内领先水平。新宝堂陈皮酵素已正式进入南方医科大学中西医结合医院，用于对高尿酸血症、高血压、高血脂、调节肠道功能等疾病的临床疗效研究。2018—2020 年，该公司研发投入在营业收入中的占比分别为 17.23%、17.37%、14.59%。拥有发明专利 6 项、实用新型专利 9 项、外观专利 4 项。

三、市场竞争力情况

该公司产业链的上游是新会柑种植业，作为四代经营新会陈皮的“广东老字号”，成熟掌握新会陈皮制作技艺。该公司拥有陈皮酵素自主生产线，采用GMP制药级生产技术和质量管理体系，对原料、人员、设施设备、生产过程、包装运输、质量控制等方面进行严格把关，保证产品质量和精度，在产品上拥有绝对优势。

目前，广东新宝堂制药有限公司已经签约采购和上架销售的客户有北京同仁堂（广东省）、大翔医药集团有限公司、河南张仲景大药房股份有限公司、国药控股国大药房有限公司、老百姓大药房连锁股份有限公司、广东省中医院、广东和翔制药有限公司、广东为星药业有限公司、丹东市老天祥大药房有限公司、福建新紫金医药有限公司和牡丹江润济大药店有限公司等180间医药企业。

该公司销售版图覆盖34个省区、1 869个城市，在中国香港和澳门成立分公司，立足中国，促进新会陈皮走向世界。该公司陈皮酵素项目和陈皮制药项目的成功转化，将新会的废弃柑肉“变废为宝”。随着新会陈皮酵素市场的打开，整个新会柑的皮、肉、渣、汁、核都能够得到充分利用，对整个新会陈皮产业延伸产业链、调整产业结构和促进农民增收、解决废弃柑肉污染环境等问题具有相当重要的意义。

案例41
广州柏视医疗科技有限公司

该公司致力于医学影像人工智能辅助诊疗软件研发、销售和技术服务，提供多病种、多模态的人工智能辅助诊疗整体解决方案。“柏视智准”多癌种放射治疗全自动勾画系统为全球首创，第一代产品已获得NMPA Ⅲ类医疗器械注册证并在中山大学肿瘤防治中心等国内顶级医院形成示范性销售。第二代人工智能产品获得进入北美等国际市场的准入资格。

一、经营总体情况

该公司成立于2017年，主营业务为研发和销售医学影像人工智能辅助诊疗软件并提供相关技术服务，提供多病种、多模态的人工智能辅助诊疗整体解决方案，是医疗人工智能技术引领者和技术提供商，在基于医学影像的人工智能辅助诊断和治疗领域有多项技术处于国际或国内领先水平。该公司的医学影像人工智能辅助诊疗软件产品均为自主研发，企业共计90人，科技人员占比近60%，年研发投入近1 500万元。

2018—2022年连续五年入库科技型中小企业，且于2019年12月通过高新技术企业认定。2021年8月，完成了企业A轮融资，融资金额近亿元，用于智能放疗产品的商业化加速、智能外科手术规划新产品研发，并进一步完善全国销售网络。从成立至今，该公司年度营业收入呈正增长，已陆续获得国内外多家顶级投资机构投资及战略投资超2亿元。

二、创新驱动发展情况

该公司2017年获得“英特尔杯”全国并行应用挑战赛人工智能组金奖、创新成就奖，GMIC 2017 G-Startup Worldwide全球创业创新大赛香港站金奖，第七届中国创新创业大赛广东赛区电子信息行业（初创组）第二名，第七届中国创新创业大赛全国总决赛（初创组）优秀企业奖等创新创业奖项以及“广州市开发区创业英才”称号；2018年获批广州市“红棉计划”、广州市开发区创业领军人才等多项科技创业项目，共计获得政府经费近1 500万元；在第十六届中华医学会全国肿瘤放射治疗学术年会（CSTRO）特设的人工智能辅助靶区勾画大赛中，柏视医疗团队斩获了“头颈部OARs”“肺癌GTV”两大组别的冠军，是除医院团队外唯一一家夺冠的企业队伍。

截至2022年4月，该公司已申请80余项发明专利并进入实审，35项发明专利、34项实用新型专利、18项外观专利及41项软件著作权获得授权。现有产品均已获得国内市场准入资格，有2项Ⅲ类、3项Ⅱ类NMPA医疗器械注册证，主导产品于2021年12月通过FDA 510（K）注册，并启动多项国内Ⅱ、Ⅲ类医疗器械和美国FDA 510（K）的产品注册工作。已通过ISO9001、ISO13485、ISO14001、ISO45001、ISO20000、ISO27001及知识产权贯标认证工作。“柏视智准”多癌种放射治疗全自动勾画系统为全球首创，是一款CTV（临床靶区）、GTV（肿瘤靶区）、OAR（危及器官）、淋巴结引流区全范围全自动勾画软件。第一代产品已获得NMPA Ⅲ类医疗器械注册证并在中山大学肿瘤防治中心、中山大学孙逸仙纪念医院、南方医院等国内顶级医院形成示范性销售，获得一致好评。第二代人工智能产品于2021年第三季度进入Ⅲ类医疗器械注册阶段；于2021年12月通过FDA 510（K）注册，该产品获得北美等国际市场的准入资格；“柏视智影”医学影像处理系统已获得Ⅱ类医疗器械注册证，医学影像处理系统、肺小结节辅助诊断系统、肋骨抑制辅助阅片系统等产品均已完成研发并进入大规模市场推广阶段；“柏视智引”医学影像手术辅助系统已进入样机研制阶段，于2022年上半年进入Ⅲ类医疗器械注册阶段。

该公司已建立较为完善的生产经营管理体系，2020年底通过质量管理体系和医疗器械质量管理体系认证。重视人才梯队的搭建与培养，尤其是动态的科研技术团队的考察、选拔、培养、淘汰、任用，建立了贯穿项目调研、立项、实施、中期检查及验收全流程的《研发项目管理制度》，与团队、个人KPI考核挂钩，确保项目有序进行。鼓励员工发明创造，制定了《知识产权激励制度》贯穿申请、实审、授权、成果转化全流程，也制定了“季度之星”“年度之星”的评选，对优秀员工实行及时的激励。同时，根据企业发展进度，对关键岗位及优秀个人给予晋升加薪的机会。

三、市场竞争力情况

该公司作为肿瘤治疗人工智能技术和服务供应商，拥有放疗科与胸外科产品线，在肿瘤、重疾等多个领域拥有多模态、多病种的医学影像阅读分析产品，为胸外、放疗行业提供核心价值。

该公司主要处于国内及全球产业链的中游，主要客户为医疗机构、设备厂商及医疗产业联盟。国内外销售规模逐步扩大，2022 年第一季度，核心产品已进入 100 家三甲医院落地使用，中山大学附属系医院是主要的窗口医院；与多渠道厂商开展战略合作，与多个医学影像头部企业达成深度合作。

2020 年 1 月，公司在“2020 腾飞中国 · 5G 智慧医疗峰会”上与飞利浦再度达成战略合作，将在放射影像人工智能解决方案领域开展长期合作，共同探索数字化医疗生态建设，培育发展新业态。

案例 42
开平牵牛生化制药有限公司

開平牽牛生化制药有限公司
KAIPING GENUINE BIOCHEMICAL PHARMACEUTICAL CO.,LTD.

该公司产品主要应用于药品、保健食品和美容护肤品等领域，拥有环保高效特点的生物合成技术——生物催化技术作为核心技术。经过十多年的发展，现可生产三磷酸核苷酸系列产品、胞磷胆碱系列产品等。

一、经营总体情况

该公司前身为开平市凯利生化制品厂，始建于1992年。为适应药品市场的发展于2001年转制，更名为开平牵牛生化制药有限公司，是专业的原料药生产厂家，主要产品为核苷酸类原料药（聚肌苷酸、聚胞苷酸、三磷酸腺苷二钠、三磷酸胞苷二钠、胞磷胆碱钠、丁二磺酸腺苷蛋氨酸等）和谷胱甘肽等，产品所属的技术领域为生物与新医药—化学药研发技术—国家基本药物原料药和重要中间体的技术。产品主要应用于药品、保健食品和美容护肤品等领域。2013年首次通过国家高新技术企业认定。2021年，营业收入超3.3亿元，2019—2021年连续3年，营业收入年均增长超过40%。

二、创新驱动发展情况

该公司职工总数286人，其中科技人员38人，占比约为13%，主要管理人员具备丰富的管理经验，以先进的经营理念高效地运营公司。引进国内外先进的生产、研发、检测仪器设备，将药物研发、生产、销售与市场相结合，使公司得到科学的管理与发展。该公司长期坚持绿色制造技术发展方向，始终以科技创新为企业发展宗旨，2019—2021年投入的研发费用合计2 560万元，占销售收入总额的3.2%。研发中心配备先进的研发分析仪器设备，同时制定了完善的研发管理制度，不断巩固自主核心技术的基础。研发团队已成长为具备丰富的生化药物研发经验、熟悉行业市场动态、擅长开发具有核心竞争力产品的创新团队。现已建立了颇具竞争优势的基因工程发酵、蛋白提纯、酶固定化和生物催化合成及提取等技术研究与产业化平台。在地方科技部门的大力支持下，该公司于2013年建立江门市工程技术开发中心、2016年建立广东省生物催化制备原料药工程技术研究中心、2017年建立江门市牵牛生化制药有限公司生物催化技术院士工作站，这些研发平台的建立大大提高了企业的自主创新水平。截至2021年，公司共获得19项专利授权，其中6项发明专利、13项实用新型专利，5项高新技术产品证书，公司创新团队研究的项目关键技术、研发的新产品和获得的知识产权均已应用在实际生产经营中。在产学研合作方面，该公司与中科院微生物所、暨南大学、南京工业大学、上海交通大学等科研机构及院校建立了长期合作关系，近年来与合作单位共同承担了以下主要的产学研项目：大宗酶制剂产品及生产技术的应用、基于界面功能材料的磷脂酶封装技术高效生物合成磷脂类大健康产品、聚肌苷酸和聚胞苷酸原料药纯度及杂质关键检测技术的研究等。通过产学研合作，加快了最新研发成果的产业化应用，大幅提高了企业的研发水平，获得了丰硕的社会效益与经济效益。按照药品GMP要求，依据企业具体情况，为保证质量管理体系达到质量目标并保证其能够持续改进，该公司颁布了质量管理体系文件《质量手册》。为确保顺利完成质量目标，该公司对生产质量活动制定了控制程序。该公司非常重视技术创新，制定了研发项目管理、研发投入核算、科技成果转化激励管理、研发人员考核奖励、科技研发人员技能培训、优秀人才引进等制度，确保研发活动的顺利开展。

三、市场竞争力情况

该公司掌握的核心技术是生物催化技术，包括全细胞催化、体外酶催化及多酶组装细胞催化等，是典型的生物合成技术。生物合成技术具有环保高效的特点，特别适合制备各种生化原料。经过十多年的发展，牵牛生化制药现可生产三磷酸核苷酸系列产品，包括ATP、CTP、UTP、GTP；胞磷胆碱系列产品，包括游离酸及钠盐；谷胱甘肽系列产品，包括还原型谷胱甘肽和氧化型谷胱甘肽；手性药物，包括左旋多巴、西格列汀；其他产品，包括腺苷蛋氨酸、环磷腺苷、辅酶A、磷酸肌酸钠等十多种生化原料药。生化原料均为具有生命活性的物质，可广泛应用于药品、食品、化妆品、生化试剂及饲料添加剂。在拥有生化原料的基础上，公司已经开始多元化发展，以生化原料药为主业，同时发展食品生化原料与化妆品生化原料，主要包括神经节苷脂、燕窝酸、磷脂酰丝氨酸、甘油磷酰胆碱、γ－氨基丁酸、L－硒甲基硒代半胱氨酸、维生素 K2、NMN、熊果苷和异红藻苷等；同时开发以生化原料为主的功能食品、保健食品、化妆品及饲料添加剂。生物合成手性药物与中间体、日化品、核酸药物的原料也将是公司的主要发展方向之一。

案例 43
开平市东山鸿懋农业科技有限公司

该公司已发展成为一家集蔬菜、瓜果培育、开发、生产及销售为一体的现代农业企业，采用“龙头企业 + 基地 + 农户”的模式，通过自主研发和引进美国先进农业种植技术不断提升市场竞争力，是可溯源的农业种植基地，保证出品符合国家要求和标准，安全有保障。

一、经营总体情况

该公司成立于2010年，由美籍华人LEE MIKE YUAN独资组建，主营业务为农业技术领域内的技术开发、技术服务、技术咨询、技术转让，种植、销售蔬菜、水果、食用花类、菌类、花卉、苗木，培养、销售种子、种苗等。近年公司增设水稻种植、农机服务等一系列助农惠农的带动项目。目前，已发展成为一家集蔬菜、瓜果培育、开发、生产及销售为一体的现代农业企业。资产投资总额超过1 500万元，年销售额最高可达2 000万元。公司基地由2010年的150亩增加到目前的1 500亩，田间基础设施不断完善，建有大型钢架薄膜蔬菜大棚与钢架阳光板蔬菜大棚、水帘降温设施。引进美国先进农业种植技术，建设350亩全自动中央控制灌溉系统，建有独立的排水沟和贯穿田间的机耕路。公司设有1 600平方米的综合大楼，内设大型蔬菜储存冷库和蔬菜包装间共400平方米，建有高标准蔬菜检测室等。鸿懋农业把先进的理念灌输入传统农业，引进先进的生产技术，建立标准化农产品安全体系。2012年，注册了“鸿懋”“东山绿色小镇”等商标，鸿懋蔬菜基地也成功成为省级食用农产品蔬菜标识和溯源管理示范点、广东省农产品质量安全示范点、江门市设施蔬菜标准化示范区和江门市农业科技试验示范基地。2015年成为广东省菜篮子基地，2016年成为开平市重点农业龙头企业，获得发改委颁发的农副产品配送中心牌匾。鸿懋农业还是《中国食品报》推荐品牌，获得广东省农业农村厅颁发的无公害农产品产地认定证书和无公害农产品证书、有机转换认证书。2018年，成为江门市工程技术研究中心，并被认定为国家高新技术企业，成为创建国家农产品质量安全县示范点。2020年，该公司成为“一村一品、一镇一业”蔬菜项目实施主体、开平市农作物病虫害绿色防控和农药减量控害试验示范点、江门市巾帼创业示范基地。2021年，成为广东省巾帼创业基地。

二、创新驱动发展情况

该公司坚持以创新带动发展、惠及农户的发展理念，以“龙头企业＋基地＋农户”的模式联农带农大力发展蔬菜产业种植，以先进的种植技术、农业设备和先进的种植理念，带动20多户农户共同种植，带动赤水镇及周边地区蔬菜种植业及相关行业共同发展。员工由2010年的5人增加到目前的35人，其中，中高级技术人员6人。通过不断研发与创新，建设研究部门与检测室等反复研究种植技术与培养新品种，完善基础设施，建设恒温大棚，开设通风透气天窗，搭建水肥一体化喷灌设施，新增购置先进的农业机械设备，进行资源整合，加强团队建设。近年新增10个实用新型专利，包括：一种瓜果运输装置、一种弧形蔬菜运输装置、一种农场吊喷装置、一种农场用螺旋钻地装置、一种运输保鲜装置、一种小型水肥装置、一种新型储水压力罐、一种新型蔬菜喷雾装置、一种新型蔬菜收割机，一种移动式农场土地蒸汽消毒装置。全部专利已获得国家知识产权局颁发的专利证书。依靠专利的高新技术产品销售收入达到主营业务收入的60%以上，营业收入达到2 000万元。该公司针对研发与技术创新实施奖励制度，大力支持和鼓励员工进行生产研究，把研发技术应用到实际生产，不断完善基础建设，购置新型农业机械设备，进行资源整合，合理配置利用资源，加强研发队伍建设，不断引进、培养、吸纳优秀人才。该公司法人是美籍华人，在美国开设农场，从事农业工作长达二十年，经常与国外农业公司和农业人才交流，了解和学习国外农业先进种植技术和先进机器设备，把技术带回国内进行培养发展，为技术人员开发、研究应用新品种、新技术提供强大的后盾支持。

三、市场竞争力情况

该公司与佛山、珠海、广州、江门等大型蔬菜批发市场接轨，多个配送企业和超市成为其长期合作伙伴，如江门市绿诚超市、江门市鹏中皇食品有限公司、佛山市信康食品有限公司、珠海市诚诚成农产品有限公司、广州市真情新鲜连锁超市等。该公司为可溯源的农业种植基地，保证出品符合国家要求和标准，安全有保障。除了引进先进的种植技术和设备，还采用物理驱虫、胡蜂捉虫等环保方式，专人管理，在整个生产过程中严格遵循安全食品的生产技术标准。鸿懋农场有得天独厚的地理位置，远离市区工业污染，保证出品无污染、富营养和高质量。

2019 年，在学习《富硒食用菌粉》国家标准后，该公司认识到硒是可以提高人体免疫力的重要元素，可以抗氧化、抗衰老、防癌抗癌。该标准制定人经过多年研究及实验，总结出硒对植物有抗菌抑病的作用，并且可以有效提高农作物的产量，还可净化空气和改良土壤，实现生态平衡。硒的有效利用可转变为经济价值，为打造特色农业、效益农业奠定基础，富硒农产品可为农民增加收入提供保障。该公司的种植技术人员通过不断反复研究试验，把富硒种植技术应用到水稻种植和蔬菜种植上。2020 年，该公司种植的富硒水稻通过广东省测试分析研究所检测机构检验，证明水稻的有机硒含量达到标准，为该公司的富硒种植研究奠定了基础，该公司的种植业务迈上了一个新台阶。

案例 44
无限极（中国）有限公司

INFINITUS
无限极

该公司是一家立足健康养生产业，以中草药健康产品研发、生产、销售及服务为主的现代化大型企业。作为中草药保健品行业的龙头企业，每年研发投入上亿元，销售额超过百亿元。2017 年，品牌价值经世界品牌实验室评估为 658.69 亿元，位列当年度“中国 500 最具价值品牌”排行榜第 45 位。

一、经营总体情况

该公司是李锦记健康产品集团旗下成员，成立于1992年，是一家立足健康养生产业，以中草药健康产品研发、生产、销售及服务为主的现代化大型企业。致力于为消费者提供高品质的中草药健康产品，截至2022年2月，已推出无限极、萃雅、心维雅、植雅、帮得佳、享优乐等品牌，涵盖健康、美妆、家居生活三大领域，拥有超过200款产品。其中，无限极第一款产品增健口服液于1994年上市，以“复合多糖”为核心成分，已畅销20余年。建立了全链条产业化管理模式，严把产品品质关，同时加大科研投入，与剑桥大学、法国科学院－巴黎狄德罗大学、中国中医科学院中药资源中心等国内外多家权威科研机构、知名学府合作，搭建多方科研平台，全产业链支撑开发产品。2008—2020年，5次通过高新技术企业认定。2003—2019年，连续17年在中国食品安全年会上获得“食品安全百家诚信示范单位”“食品安全管理创新优秀案例”等多项荣誉。无限极新会生产基地产品检测中心、营口生产基地产品检测中心都已通过中国合格评定国家认可委员会（CNAS）实验室认可和英国FAPAS能力验证。

二、创新驱动发展情况

本着“弘扬中华优秀养生文化，创造平衡、富足、和谐的健康人生”的使命，该公司每年投入上亿元研究开发费用用于产品研发与技术提升，致力于为大众提供高品质的中草药健康产品。

该公司2021年职工人数2 365人，其中科技人员281人，约占职工总人数的12%。为了更好地指导科技创新的发展，2007年，该公司邀请了全球知名院校的多位资深教授组建无限极科学顾问委员会，持续为公司科技创新发展提供专业的建议。

该公司多年来聚焦中草药领域，在中草药多糖、植物甙、活性肽、功能油脂等方向深入研究，并与国内外多家机构共建了多个研发平台，如霍夫曼无限极研究计划、无限极中草药免疫研究中心、中国科学院上海药物研究所无限极中草药多糖联合实验室、中国中医科学院中药资源中心无限极中草药品质研究联合实验室、剑桥无限极研究中心等。

公司还建立了广东省中草药健康产品工程技术研究开发中心、广东省博士后科研工作站、广东省省级企业技术中心、广东省保健食品产业技术创新联盟等，并与广东省微生物研究所吴清平院士合作建立了无限极（中国）有限公司生物技术应用研究院士工作站。

近年来，该公司坚持大力投入研发，持续的科技创新工作取得了丰富的成果。截至2021年9月，无限极共申请专利1 174项，授权专利共计633项，其中中国授权专利553项、其他国家/地区授权发明专利80项。2021年11月，无限极参与完成的“营养健康导向的亚热带果蔬设计及加工关键技术及产业化”项目获得2020年国家科学技术进步奖二等奖。同年，无限极参与完成的“牛乳源生物转化新型活性肽的发掘及其共性关键技术产业化”项目获得2020年广东省科技进步奖一等奖。

为持续提升科技创新和市场核心竞争力，该公司不断完善研究开发组织管理体系。为促进企业科技成果转化，激发科技人员的积极性，建立《无限极全球员工表彰制度》，对优秀的科研创新成果、团队及个人给予激励。定期举办无限极创新论坛，搭建了创新孵化会、金点子等创新创业平台，为产品与技术创新提供更多源泉。高度重视科技人才的培养与引进，为科技人员充分提供内外部培训及学习机会，不断提升员工专业水平，实行管理和技术双路线发展模式，最大限度激发科技人员的积极性与创造性。

三、市场竞争力情况

该公司自1992年成立至今，通过在中草药领域的深耕，创建了自己独特的中草药健康养生文化，从最开始的增强免疫力产品——增健口服液，发展到如今拥有健康食品、护肤品、个人护理品、家居用品和养生用品五大系列、七大品牌，超过200款产品。作为中草药保健品行业的龙头企业，每年销售额超过百亿元。2017年，品牌价值经世界品牌实验室评估为658.69亿元，位列当年度“中国500最具价值品牌”排行榜第45位。产品销售面向中国以及马来西亚、新加坡、加拿大、泰国、菲律宾、哈萨克斯坦等市场；除此之外，2020年，先后在韩国、澳大利亚启动了跨境社交电商业务。

2020年在疫情防控的特殊形势下，该公司发挥了龙头企业的带头作用，保障安全生产和供应，响应国家号召，做好安全复产工作。同时，无限极全体携手抗疫，共克时艰，支援疫情重灾区，支持一线抗疫工作，通过公司的思利及人公益基金会向中国华侨公益基金会捐赠500万元，向南方医科大学捐赠总价值100万元的物资；同时，广东新会工厂响应广东省政府的临时征用号召，累计生产8 700万支抗病毒口服液。一个具有社会责任心的企业，无疑是更具市场竞争力的。

案例 45
中山未名海济生物医药有限公司

"

该公司主要从事基因重组产品的研发、生产和销售，拥有符合国家GMP标准的一体化生产车间及新药研发中心，掌握核心工艺技术。产品从原料到最终成品均独立生产完成，覆盖了产业链的前段和终端，“海之元”为主导产品。产品技术及产品质量均处于国际领先地位。目前产品销售市场覆盖全国26个省市，已跃居行业第三。

"

一、经营总体情况

该公司成立于2004年，位于中山市火炬区国家健康基地，是一家拥有自主知识产权的基因工程生物制药企业，主要从事基因重组产品的研发、生产和销售。主导产品为“海之元”，是注射用人生长激素（rhGH），属于基因重组蛋白药物，为国家二类新药，应用于内源性生长激素缺乏所造成的儿童生长缓慢等多个病种治疗领域。2021年营业收入3亿元，利润4 699万元，利税6 109万元。2017年获批组建广东省生物制药（未名海济）工程技术研究中心，2018年认定为高新技术企业，2018年、2019年、2020年连续三年评定为科技型中小企业，2019年认定为中山火炬开发区“瞪羚”企业、中山市创新标杆企业，2020年认定为中山市企业技术中心、广东省成长千强企业。

二、创新驱动发展情况

该公司以生物工程药物开发和应用研究作为主要研发方向。目前，以“注射用人生长激素”为核心，紧跟国内外前沿动态，积极开展人生长激素注射液水针剂研发，不断加强后续升级产品研发，以成为国内外生长激素领航企业为基本目标，陆续引进和开发生物药物新品种，促进技术创新，推动科技成果转化，助力生物制药行业的发展。

为保障研发工作顺利开展和科技成果转化，设立研发中心，聘有生物制品药物研发、新药注册申报、科研成果转化以及规范化生产经验的专业技术人员共33人，其中博士1人、硕士13人。研发中心拥有1 000平方米的工艺、质量研究实验室和1 000平方米的研发中试平台，平台按照国际标准建设，工艺、质量研究实验室可以满足生物药物研究开发的载体构建、发酵等上游操作，同时也能满足提取、纯化和制剂生产等下游操作，为企业的科技创新和科研成果的快速转化提供技术保障。2017 年获批组建广东省生物制药（未名海济）工程技术研究中心，2020 年工程中心评估结果合格，2020 年通过中山市企业技术中心认定。2021 年研发费约 1 700 万元，近三年研发费占营业收入比值均超过 4%。该公司拥有独立自主的知识产权，目前共有有效专利 12 项，其中发明专利 4 项、实用新型专利 8 项，另外 3 项发明专利在申请中。

该公司具有较完善的组织管理系统，设立高层管理，包括总经理、行政副总、研发副总、销售副总、生产副总、质量总监，负责公司日常生产、经营、研发等各项事务的统筹规划；下设研发部、财务部、生产部、质量控制部、质量保证部、工程设备部、供应部、人事行政部以及销售部，负责公司各项事务的具体开展。

该公司高层十分重视公司在研项目的管理，为保证研发项目的实施，制定了研究开发立项报告制度、研发投入投资核算财务管理办法、科技进步项目评定及奖励办法、科技人员培训管理办法和优秀人才引进、人才绩效评价奖励制度，并设立项目组、研发部统筹各项目的实施开展。

三、市场竞争力情况

该公司拥有符合国家 GMP 标准的一体化生产车间及新药研发中心，掌握核心工艺技术，产品从原料到最终成品均由公司独立生产完成，覆盖了产业链的前端和终端。主导产品“海之元”注射用人生长激素，采用分泌型表达技术和独特的生长激素蛋白稳定性技术生产，生物活性高达 3. 3IU/mg，远高于国际 2. 5IU/mg 的标准，生物利用度高，产品稳定性好，临床疗效明显。产品技术及产品质量均处于国际领先地位。目前产品销售市场覆盖全国 26 个省区市，近三年该产品销售份额持续高速增加，目前已跃居行业第三，2021 年营业收入为 3 亿元，2019—2021 年复合增长率为 41%。

案例 46
珠海金导医疗科技有限公司

KOMD 金导™

"

该公司致力于高科技、高附加价值的一次性使用微创植、介入医疗器械产品的研发、生产、销售，拥有“钢丝加强型硬膜外麻醉导管”生产工艺发明专利，完全掌握钢丝加强型硬膜外导管生产技术，打破了国外技术的垄断局面，填补了我国在该领域的空白。

一、经营总体情况

该公司坐落于珠海（国家）高新技术产业开发区中电科技产业园内，成立于2014年，致力于高科技、高附加值的一次性使用微创植、介入医疗器械产品的研发、生产、销售，于2017年通过医疗器械生产企业质量管理规范检查（GMP）、高新技术企业认定，2022年通过广东省创新型中小企业评价、珠海市专精特新（培育）企业认定，2023年通过广东省专精特新中小企业认定，连续多年荣获“广东省守合同重信用企业”称号，连续多年通过科技型中小企业评价。目前，该公司取得了一次性使用硬膜外麻醉导管、一次性使用腰麻及硬膜外联合麻醉套件两个三类产品的注册，一次性使用球囊子宫支架、一次性使用无菌测温导尿管等九个二类产品的注册。2022年实现工业产值3 400多万元。

二、创新驱动发展情况

该公司专注于微导丝、微导管等高附加值、高科技的医疗器械产品的研发、生产、销售。其中，该公司将研发作为重点，研发人员占总职工人数的三分之一，研发投入占营业收入的20%。公司作为桂林理工大学的实习实训就业基地，该校为研发部不断地输送新鲜血液，该公司现已取得发明专利4项、实用新型专利26项，尚有多项发明及实用新型专利正等待审批中；已有3项核心产品被认定为高新技术产品。

该公司建立完善的向关键人才倾斜的薪酬政策制度及配套考核措施，出台针对技术创新人才的奖励办法；根据责任目标完成情况，对做出突出贡献的人才给予重奖，包括调薪、奖金、住房等；对所有专业人才和管理人员提供购房贷款补贴；解决子女上学问题；同时还对相关人员提供带薪休假、国内外旅游、考察及免费的进修和学术交流机会。

三、市场竞争力情况

该公司现有注册证产品属于临床必需医疗耗材，其中包括国外进口国内少有医疗耗材。该公司产品均取得了 CE 认证，海外市场已在开发中，部分国家已经授权设立全国总代理。该公司虽然起步较晚，但凭借高品质的产品，在市场上已占据一定的份额。从国内市场来看，产品销售主要集中在华南、华东、华中、东北、西南等区域，尤以华南、华东、华中地区销售额最为可观，占全年销售额的 60%。该公司销售人员基本覆盖全国各省区市，并在各大省会城市设立办事处，目前全国各省区代理商达 300 多家。该公司销售部设立招商部和直销部，对于战略性合作临床单位，由直销部直接负责对接，第一时间了解临床信息，以便对产品进一步优化。

该公司多种产品在技术研发过程中不断突破国内外“卡脖子”技术，具有较强的市场竞争力。①一次性使用硬膜外麻醉导管和一次性使用腰麻及硬膜外联合麻醉套件。这两种产品属于高风险的三类医疗器械，该公司是国内首家产品通过临床验证的企业，并取得了其核心配件“钢丝加强型硬膜外麻醉导管”生产工艺发明专利。该产品主要用于人体的椎管内麻醉。截至 2022 年，全球能实现独立批量生产并销售钢丝加强型硬膜外麻醉导管的只有美国 ARROW（箭牌）公司，在我国占据 90% 以上的市场份额。钢丝加强型硬膜外麻醉导管是血管内微导丝生产技术与血管内微导管生产技术的结合体，倘若单纯掌握导丝生产技术或导管生产技术而没有把这两种技术结合起来加以运用，都是难以驾驭并克服其关键技术难点的。该公司核心技术团队一直专注于血管内微导丝及血管内微导管的研发生产，因而相对同行能更容易并巧妙结合两者之技术对钢丝加强型硬膜外麻醉导管进行技术攻关。该公司已完全掌握该导管生产技术，打破了国外技术的垄断局面，从而填补了我国在该领域的空白。②一次性使用球囊子宫支架。在该产品研发成功之前，市场上已有的产品均未能达到在短时间内快速充盈，基本都是多次的充盈球囊，而该公司解决了这一瓶颈难题，并取得了该产品的发明专利。③一次性使用无菌测温导尿管。市场上存在的导尿管以普通导尿管为主，该产品多了测温线的置入腔，生产难度较大，该公司最终克服了技术上的难题，取得了该产品的注册证，并投入批量生产。

案例 47
珠海西格医疗设备有限公司

西格医疗

该公司致力于研发、生产和销售医疗设备，销售和服务网络遍布全球 80 多个国家和地区。其发布的 SIGER S 系列高级牙科综合治疗机系列产品为自主研发设计且与国际先进技术同步的数字化高新产品，是中国第一代数字化牙科综合治疗机。目前数字化牙科综合治疗机国内市场占有率和品牌知名度均为国产品牌前三名。

一、经营总体情况

该公司于2005年正式成立，是一家集研发、生产和销售于一体的医疗设备专业制造公司。先后通过ISO13485质量管理体系认证、知识产权管理体系认证、科技型中小企业评价、欧盟CE认证、美国FDA认证及韩国GMP认证等。2006年10月，西格公司在上海正式发布了SIGER S系列高级牙科综合治疗机系列产品。此款产品是西格公司自主研发设计、与国际先进技术同步的数字化高新产品，是中国第一代数字化牙科综合治疗机，引起了业界的广泛重视。2008年至今，连续多年顺利通过了高新技术企业认定，荣获“高新技术企业”称号。至今已获得近百项国家专利授权，产品在功能、安全、卫生、效率等方面达到国际先进水平。能够改善和提高口腔临床治疗现状，具有良好的社会效益和经济效益。

二、创新驱动发展情况

该公司科技人员占职工总数的25%。其中，研发核心团队具有丰富的设计及研发技术工作经验，主持研发重大科研项目多项，带领团队开发多项技术成果，为公司的持续发展提供了有力的技术保障。

该公司自成立之初即建立并拥有了实力强大的研发团队，在人才优势的基础上，制定了多项规范的研发管理制度和研发作业流程。公司的研发机构人力资源、研发设施和设备的管理均严格按照ISO13485质量管理体系文件的相关规定执行管控，使得企业的研发活动能够在科学有序的管理下进行，增强了科技人员的培养进修、人才引进；在加强研发费用管理、促进企业自主创新能力的同时，促进每个成功研发的产品在研发投入核算及产品面市以后在成本上均具有竞争力。为提高公司的研发创新能力，鼓励技术创新，推动研发项目高效进行，加快科技成果转化，该公司制定了《科技奖励制度》，专门针对研发人员的研发与科技创新活动进行绩效考核，实行以奖励为主的激励机制，激发研发人员的工作热情，提高研发人员的工作效率。

为加快公司科技产品升级与产业化发展，该公司积极开展多项产学研合作项目，组织研发团队进行产学研合作开发，项目已进行科技成果转化。该公司已将产学研合作作为日常研发项目的重要部分，利用企业的生产条件，提高合作单位的科研能力，将科技成果尽快地转化为生产力，不断提升公司产业技术和管理水平。近几年来，该公司以市场为导向，以技术为依托，不断利用新技术开发新产品。目前，已获得自主知识产权近百项，现已全部转化为应用项目，成果转化率为100%。通过科技成果转化，形成多个高新技术产品。2021年，实现高新技术产品收入占全年总收入的99.69%。

三、市场竞争力情况

该公司成立伊始就确定了全球化的发展战略，销售和服务网络遍布全球80多个国家和地区。未来公司会结合市场发展，积极扩大市场销售服务能力，为用户提供高效、高性价比的产品和服务。其中，数字化牙科综合治疗机国内市场占有率和品牌知名度均为国产品牌前三名。

2022年，该公司全面升级口腔设备为物联化信息化产品。西格云 Siger Cloud 口腔医疗生态系统是一个连接设备生产商、渠道中间商、口腔医疗机构、义齿加工中心和技工场所、牙科医生以及患者的全覆盖生态链，通过收集设备运行数据、远程管理设备，记录医生操作习惯、患者病历、耗材选择偏好等，协助口腔医疗机构提高医疗水平和效率、经营效益，同时为未来产品的研发方向提供指导性意见。结合西格云的机器学习技术，未来系统还可对在线诊疗方案不断进行升级，服务好广大口腔患者。

新能源与节能领域

新能源产业主要是源于新能源的发现和应用，包括太阳能、地热能、风能、海洋能、生物质能和核聚变能等能源的开发与应用。节能环保产业是指为节约能源资源、发展循环经济、保护环境提供技术基础和装备保障的产业。广东省提出到2025年，新能源产业营业收入达7 300亿元，形成国内领先的新能源产业集群①。根据高新技术企业火炬统计，在全省6万多家高新技术企业中，新能源与节能领域企业有0.28万家，占比4.6%，新能源与节能领域企业质量较高，数量规模有待提升。

① 资料来源：《广东省能源发展“十四五”规划》。

案例 48
佛山市丰川节能科技有限公司

Fourtreen®

该公司致力于蒸汽节能技术研究、开发，核心技术产品 HPR、WSR、IED 等陆续入选“广东省节能技术、设备（产品）推荐目录”，同时，WSR、IED 等节能装置，都属于行业首创。主要客户为康师傅集团、青岛啤酒集团、蓝带啤酒集团、泸州老窖集团、广东九江酒厂等中外知名企业。

一、经营总体情况

该公司成立于2011年，是一家致力于蒸汽节能技术研究、开发的高科技企业。着力于锅炉及用能设备的节能改造，从实践中研发出一系列拥有自主知识产权的高效节能产品，根据客户不同的需求，提供从锅炉到用能终端设计全面的节能解决方案，为客户提供高效的节能装置及节能设备安装、维护和指导使用服务，解决企业从点到面的高能耗问题，满足客户的节能需求。2017—2019年，该公司营业收入分别为3 397万元、869万元、2 234万元，利润分别为334万元、－122万元、328万元，税收贡献分别为70万元、36万元、135万元。2017年获评为高新技术企业，并于2020年再次评选上高新技术企业。

二、创新驱动发展情况

该公司着力于锅炉及用能设备的创新式节能改造，平均每年研发费用超百万元，产品全为自主研发。研发人员为9人，科技人员占比为47%。研发费用占营业收入10%以上。2013年凭借专利技术“热能回收稳压装置HPR”率先在啤酒行业推出创新型麦汁煮沸工艺节能解决方案，为麦汁煮沸工艺节能减排30%以上，先后在蓝带啤酒集团、青岛啤酒集团推广应用，并获2015年度“广东省优秀节能改造项目奖”；2015年，专利技术产品“废热蒸汽纯化增压回收装置WSR”首创在方便面蒸煮工艺的节能应用，可实现方便面蒸煮用能节约成本80%，并从2016年开始在食品行业头部企业康师傅集团的全国14家方便面工厂全面推广应用，为企业节约大量用能成本的同时，减排二氧化碳超过6万吨/年，并协助用户（康师傅集团）获得各地政府的节能减排专项资金超过400万元。与此同时，凭借包含本项目的优异的生产节能减排效果和绿色工厂管理制度，康师傅集团于2020年入选“联合国开发计划署中国企业可持续发展报告优秀案例”。2017年，专利技术产品“智能节能馏酒系统 IED”开始在白酒蒸馏工艺方面创新应用，先后在广东九江酒厂和劲牌集团完成了验证，其中九江酒厂于 2019 年正式在 30 立方蒸馏甑系统中导入 IED 技术，实现综合能耗下降 30% 以上。第二期 40 立方蒸馏甑采用升级版的 IED 技术，于 2021 年完成建设，使得蒸馏工艺环节实现超过 75% 的用能成本降低；在可以预期的未来，IED 技术导入必将成为整个白酒行业节能减排的新常态。2018 年，自有知识产权产品“酒糟真空降温系统 VCD”首创用真空的方法处理酒糟废气，先后被劲牌集团、口子酒业选型为蒸馏排放废气处理方案，为白酒的无烟环保生产提供了创新型的技术路径。借助于国内工业互联网大数据、智能化的发展东风，公司这几年同时投入大量资源，联合广东省科学技术实验室联合会共同打造了云质量管理系统 WCQ、云能源管理系统 WCE，为节能设备、节能系统的信息化、智能化赋能，实现能源及品质数据的交互，为企业未来实现产品品质与能耗关系的智能分析奠定大数据基础，最终为企业的高效管理决策提供科学的方法和工具。目前，该信息化云平台已先后为康师傅集团、青岛啤酒集团、百威啤酒供应商等用户提供服务，并被纳入用户企业信息数字化建设配套服务方案。2021 年 10 月，WSR 技术首次导入白酒蒸糠工艺环节，为四川泸州老窖集团黄舣工厂蒸糠车间 L1 生产线实现了 40% 以上的节能减排效果，并通过和废气无烟处理装置 SDC 的组合，为 L1 蒸糠工艺环节实现高效节能、无烟清洁的绿色生产目标。正因为看到优异的节能环保效果，泸州老窖黄舣工厂已确定再引进 3 套 WSR + SDC 节能环保系统，整个蒸糠车间全面应用丰川的节能环保技术。

2015—2020 年，公司核心技术产品 HPR、WSR、IED 等陆续入选“广东省节能技术、设备（产品）推荐目录”；2017 年，公司被香港生产促进局 HKPC 纳入“环境技术服务供应商”；2018—2020 年，公司核心技术产品 WSR 连续入选“北京市节能低碳技术产品推荐目录”，并被纳入“一带一路”供应商目录。主要发明专利有 1 项、实用新型专利 10 项、软件著作权 5 项。

三、市场竞争力情况

该公司一直致力于蒸汽节能技术的研究、开发，主要客户为康师傅集团、青岛啤酒集团、蓝带啤酒集团、泸州老窖集团、广东九江酒厂等中外知名企业。此类企业不缺乏优质的供应商为其提供产品和服务，以康师傅集团为例，其刚开始接触该公司时，对公司的规模和技术能力存在疑虑，多次派人到公司的项目现场、工厂实地进行考察。同时为了客观真实地验证各个节能方案的优劣，康师傅集团特别甄选了广州、昆明、南京三家工厂的实际生产线，分别实施了丰川公司、美国 GD（代理商）、英国斯派莎克的节能技术方案，最终通过企业内部评价、上海节能协会第三方评价等综合鉴定，丰川公司的节能技术方案在节能率、性价比、系统可操作性和稳定性等关键点评价方面都远远高于竞争对手，最终使得康师傅集团决策层决定选用丰川公司的节能技术，在集团内 14 家工厂全面推广。并且得益于此项目的优异节能减排效果，康师傅集团在全国各地的工厂纷纷获得了当地政府的节能减排专项资金奖励。

作为创新驱动型公司，在蒸汽节能领域的研发上，该公司不做行业已有的成熟产品，而是着力开发市场紧缺的创新型技术。截至目前，开发并拥有专利的 WSR、IED 等节能装置都属于行业首创，应用的项目基本都属于行业创新，在市场上基本没有竞争。

该公司致力于蒸汽节能技术的研究、开发，在蒸汽节能领域，目前的理论基础依旧是热力学定律，但在实践应用过程当中，海量的建模和设计数据并非来自基础理论推导，而是由工程经验数据演化而来。目前丰川公司已经拥有了自己的经验数据库和模型，在设计和研发方面具备了较强的实践能力，尽管这方面与业内国际知名企业如英国斯派莎克、美国霍尼韦尔、日本 TLV 等还有差距，但凭借对国内客户用能工况的深入了解，已多次在常规节能方案设计和提出的竞争过程中胜出。

案例 49
广东美芝制冷设备有限公司

GMCC

该公司专注于研发、生产、销售旋转式压缩机，承担美的集团核心部件以及精密制造，多项核心技术成果通过科技成果鉴定并被认定为“国际领先”及“国际先进”。2021 年美芝的家用空调压缩机全球市场占比提至 46%，全球 5 台空调中就有 2 台使用的是美芝 GMCC 品牌的压缩机。

一、经营总体情况

美芝（GMCC）是中国空调压缩机品牌，属美的集团工业技术事业群，是美的集团五大业务板块之一，承担美的集团核心部件以及精密制造，以“科技”为核心驱动力，聚合智慧交通、工业自动化、绿色能源和消费电器四大领域的核心科技力量，坚定践行科技领先战略，以科技领先带动新增长，以技术创新的力量支撑新时代际遇下全球工业的发展。该公司创建于 1995 年，坐落于佛山市顺德区顺峰山工业开发区，在国内有三大制造基地，分布在顺德（2 家）和芜湖（1 家）。该公司专注于研发、生产、销售旋转式压缩机，产品被广泛应用于各类空调、冷柜、热泵热水器、抽湿机、干衣机、冷藏汽车、饮水机设备等领域。2019—2021 年，营业收入、净资产及研发投入一直保持增长状态，资产状况良好，2021 年，收入突破 100 亿元，复合增长率 9.38%，研发费用占营业收入超过 3%，2019—2021 年累计研发投入超过 9 亿元。

二、创新驱动发展情况

该公司主要开展高能效节能、环保、舒适性提升的制冷压缩机技术研发，重点开发高效节能即高 APF 的压缩机产品、环保冷媒如 R290 压缩机产品，研究低噪音的压缩机产品、快速制冷制热的压缩机技术。2021 年，承接佛山市顺德区核心技术攻关项目“超高能效、小型化、低噪音压缩机的研发及产业化”，通过自主创新技术和借鉴相关领域等学科领域的前沿技术，开展变频压缩机的超高效化、超静音、小型化、高可靠性的研究及产业化，推动空调碳排放降低，助力国家实现节能减排目标。

为了提高企业研发中心自主创新的能力，该公司拥有一支在制冷压缩机技术、生产、销售、管理有 20 年丰富经验的经营团队，核心技术人员平均具有 15 年以上的相关领域从业经验并拥有多项发明专利。公司科技人员占企业总人数的 12.63%，拥有专职研发人员 140 人，其中硕博学历人才占比 74.3%，现已形成对博士高端人才的引进、培养以及后勤保障等系列管理经验。

该公司创新研发平台在 2006 年和 2015 年分别通过佛山市制冷压缩机工程技术研究开发中心和广东省制冷压缩机（美芝）工程技术研究中心认定；2020 年通过中国轻工业制冷压缩机工程技术研究中心认定；实验室于 2009 年通过中国合格评定国家认可委员会认定（CNAS 实验室）；在公司强大的研发基础之上，整合已有的广东省压缩机工程研究中心、国家许可实验室、TUV 认可实验室、UL 认可实验室的科研资源，成功组建了广东省高能效压缩机技术研发企业重点实验室，并于 2017 年通过广东省高能效压缩机技术研发企业重点实验室认证。

该公司非常重视研发和科技成果转化，截至 2021 年，拥有有效专利 1 458 项，其中境外授权专利 74 项、发明专利 585 项。公司持续加大研发和科技成果转化力度，连续 10 年荣膺艾普兰奖，11 项核心技术成果通过科技成果鉴定并被认定为“国际领先”及“国际先进”。近年来获得了中国专利优秀奖 5 项、广东省优秀专利奖 7 项、中国轻工业联合会科技进步奖 4 项、佛山市科技进步奖 1 项、广东省政府质量奖 1 项、佛山市专利优秀奖 1 项。公司所开发的三大类高新技术产品均已通过广东省高新技术产品认定，两大类产品被评定为“广东省名优高新技术产品”，目前已经获得了“国家知识产权示范企业”荣誉称号。2021 年 12 月，与清华大学金元生院士签订协议共建院士工作站。

该公司先后通过了 ISO9001 质量管理体系认证、ISO14001 环境管理体系认证、OHSAS18001 职业健康安全管理体系认证，建立了决策管理机制和管理机构。建立了完善计算机网络管理体系，引入 SPC、ERP、MIP、PDM、预算管理系统等现代化管理工具并注重与国际接轨。研发测试中心先后通过德国莱茵技术监督协会（TUV）、美国保险商试验所（UL）、德国电气工程师协会（VDE）、加拿大标准协会（CSA）、中国强制认证（CCC）等多个国际权威产品认证及试验室认可机构的审核与认可。建立了完善的研发管理体系与制度，研究开发制度如《研发项目管理办法》《项目财务与效益核算管理办法》《产学研合作管理制度》《研发项目奖励管理办法》《科技人员资格认定及福利管理办法》《员工绩效管理办法》《研发项目薪资管理办法》《质量考核管理办法》等十多项研发管理制度。

三、市场竞争力情况

在疫情影响及终端品牌激烈的价格竞争局势下，美芝逆势增长，据产业在线数据，2021 年美芝的家用空调压缩机销量突破 1 亿台，同比提升 20%，全球市场占比提至 46%，每 5 台空调中就有 2 台使用的是美芝 GMCC 品牌的压缩机。

2020 年 7 月 1 日，史上最严“空调新能效”标准（GB21455—2019《房间空气调节器能效限定值及能效等级》）正式实施，房间空调器的 APF 值一级能效从 4. 5 提升到 5. 0，新版能效标准大幅提升了能效入门门槛。面对高要求的新能效标准，美芝在行业内率先立项研究应对之策，及时推出第一批新一级能效的压缩机，并在 2020 年量产供货，在客户端进行快速匹配和销售，销量超过 500 万台，助力空调品牌应对产品升级和迭代。

除通过自主创新研发外，该公司先后与清华大学、哈尔滨工业大学、东南大学、华南理工大学、上海交通大学、西安交通大学等国内外重点研究院所开展合作，形成了稳固的产学研科技创新联盟，共同对行业内的共性关键技术进行攻关突破，开展了项目研发、技术攻关、人才培养、服务咨询等多种合作，加速实现成果转化，取得了大量的核心技术成果。

案例50
广东威灵电机制造有限公司

Welling

"

该公司专业研发制造电机及其驱动系统，多个项目技术经省级科技成果鉴定，被认定为国际领先或国际先进水平，与 Samsung（三星）、Mitsubishi（三菱）、DAIKIN（大金）、海尔、美的、海信等客户建立了长期的合作伙伴关系，实现了空调交流小功率异步电动机市场占有率25%、BLDC 空调电机市场占有率20%。

"

一、经营总体情况

该公司成立于1992年，坐落于顺德区北滘镇工业园十五、十六、十七区，是专业研发制造电机及其驱动系统的国家高新技术企业，已成为国内最具实力的串激电机、AC/滚筒洗衣机电机、空调电机、高速电机、洗碗机电泵、小家电电机的专业电机制造商，所开发的电机产品广泛应用于家用电器领域、清洁设备、泵类产品、工业自动化领域及汽车领域等。全球有三大生产基地，分别为顺德、芜湖、淮安。该公司是国家高新技术企业、国家知识产权优势企业、国家知识产权示范企业、广东省知识产权优势企业等。虽受疫情影响，但该公司在销售额、市场规模、市场占有率上仍获得了持续增长，2021年销售收入达61亿元，同比增长29.8%。

二、创新驱动发展情况

该公司主要开展高能效低成本家用电机系统、高速家用电机系统、新型永磁电机、伺服电机、汽车电机等产品的中长期共性基础技术和颠覆性前沿技术研究，解决了一批行业“卡脖子”问题。肩负技术创新、平台创新、产品与技术战略和体系革新等工作，致力于自主研发创新。在科技领先战略牵引下，持续加大研发投入，研发投入占比逐年提升。在创新产品开发、先行平台研究、关键零部件研究、前沿技术研究等方面着力投入，近三年累计研发投入近6亿元，占销售收入比例达3.9%。研发团队是一支由院士领衔、博士主导的国际化高素质研发团队。该团队认定为2017年度中国自动化领域年度团队。该公司是佛山市标杆高新技术企业，拥有CNAS认可实验室、广东省工程中心、广东省新型研发机构、佛山市企业技术中心等资质。研发的产品取得覆盖全球市场认证认可的CE、CB、CQC、ISI、UL、CSA、CCC和TUV认证。

该公司在加大科技创新力度的同时重视知识产权保护工作，通过过去几年在关键核心技术上的专利布局，实现了关键技术的完全自主可控，推动电机行业高质量发展。近三年在空调电机、洗涤电机、高速电机等前沿技术方面完成了一批高质量核心技术专利布局，专利数量逐年提升。截至2021年底，获授权专利1 133项；其中发明专利391项、实用新型专利700项、外观专利42项，专利授权数量居行业领先水平，并获得多项专利奖项。多个项目技术经省级科技成果鉴定，被认定为国际领先或国际先进水平。研发的永磁电机的创新结构和控制技术大规模引用于家电领域，率先实现了家用电器的永磁化和智能化，研发高端滚筒洗衣机永磁电机及关键技术，并实现大批量生产。

该公司先后通过了ISO9001质量管理体系认证、ISO14001环境管理体系认证、OHSAS18001职业健康安全管理体系认证，建立了决策管理机制和管理机构。完善了计算机网络管理体系，引入了SPC、ERP、MIP、PDM、预算管理系统等现代化管理工具并注重与国际接轨。研发测试中心先后通过德国莱茵技术监督协会（TUV）、美国保险商试验所（UL）、德国电气工程师协会（VDE）、加拿大标准协会（CSA）、中国强制认证（CCC）等多个国际权威产品认证及试验室认可机构的审核与认可。以质量管理为纲，从质量管理的八大原则“以顾客为关注焦点、领导作用、全员参与、过程方法、管理的系统方法、持续改进、基于事实的决策方法、与供方互利的关系”等方面着手，从“人、机、料、法、环、管”六大方向切入，有所创新地开展了质量管理的策划、保障、改进。该公司非常注重质量工程管理人才的培养和引进，通过外送培养、引进高级质量管理人才等模式，增强和提升质量管理团队的实力和素质，不断提高质量管理水平。建立了完善的研发管理体系与制度，有《研发项目管理办法》《项目财务与效益核算管理办法》《产学研合作管理制度》《研发项目奖励管理办法》《科技人员资格认定及福利管理办法》《员工绩效管理办法》《研发项目薪资管理办法》《质量考核管理办法》等十多项研发管理制度。

三、市场竞争力情况

该公司以客户为中心建立全球营销网络，为50多个国家和地区的500多家客户提供服务，建立了长期的合作伙伴关系，产品销售网络遍及亚、美、欧、非、澳、中东等20多个国家和地区，并与全球知名家电制造商Carrier（开利）、Samsung（三星）、LG（乐金）、Indesit（意黛喜）、Mitsubishi（三菱）、DAIKIN（大金）、NSK、SANYO－DENKI（三洋）、Kärcher（卡赫）、海尔、美的、海信等客户建立了长期的合作伙伴关系。

该公司具有多年研制生产各类电机的经验并取得了丰硕成果，各类电机年销量突破2亿台，先后实现了空调交流小功率异步电动机市场占有率25%、BLDC空调电机市场占有率20%，成为覆盖产品研发、制造、销售全产业链的电机生产商。

案例 51
珠海格力电器股份有限公司

“ ”

该公司产品覆盖消费和工业两大领域，建有全球最大的空调研发中心，拥有 4 大国家级科研平台，已建成超千个实验室。累计拥有 35 项“国际领先”技术，荣获国家、省部级奖励 24 项。2021 年提出家用空调“十年免费保修政策”，引领了国内空调服务标准的前进；在家用空调国内市场排名实现 27 年领跑，在中央空调国内市场实现“十连冠”。

一、经营总体情况

该公司成立于1991年，1996年11月在深交所挂牌上市，现已发展成为一家多元化、科技型的全球工业集团。旗下拥有格力、TOSOT、晶弘三大品牌。消费领域覆盖家用空调、暖通空调、冰箱、洗衣机、热水器、厨房电器、环境电器、通信产品、智能楼宇、智能家居；工业领域覆盖高端装备、精密模具、冷冻冷藏设备、电机、压缩机、电容、半导体器件、精密铸造、基础材料、工业储能、再生资源，产品远销180多个国家及地区，为全球消费者提供满意的产品和服务，致力创造美好生活。公司获得了国家质量监督检验检疫总局颁发的“世界名牌”称号，也获得了“全国质量奖”“最具市场竞争力品牌”“出口免验企业”“中国品牌创新奖”等众多荣誉。格力电器自2008年起连续14年被认定为国家高新技术企业，并于2019年获批为“制造业单项冠军示范企业”。2021年，格力电器凭借突出的综合实力再次上榜福布斯“全球企业2000强”，位列第252位。2021年5月，由新华社、中国品牌建设促进会、中国资产评估协会、国务院国资委新闻中心联合主办的“2021中国品牌价值评价信息榜”发布，格力电器以品牌价值1 207.78亿元蝉联家电行业第一，相较上一年上涨66.75亿元。公司坚持以习近平新时代中国特色社会主义思想为指引，不忘初心、牢记使命，坚守实体经济，坚持走自力更生、自主创新发展道路，创造更多的领先技术，不断满足全球消费者对美好生活的向往，在智能化时代谱写新篇章。2021年，公司实现营业总收入1 896.54亿元，同比增长11.24%；实现归母净利润230.64亿元，同比增长4.01%。

二、创新驱动发展情况

该公司坚持以“缔造世界一流企业，成就格力百年品牌”为企业愿景，以“弘扬工业精神，掌握核心科技，追求完美质量，提供一流服务，让世界爱上中国造”为使命，恪守“创新永无止境”的管理理念，专注于科技创新、人才创新、管理创新。坚持“核心技术自主研发”，搭建起“企业为主体、市场为导向、产学研相结合”的技术创新体系，坚持创新驱动，培养创新人才队伍，打造管理创新体系，实施领先者战略，布局多元化发展战略，不断寻求突破、砥砺奋进。

该公司重视企业技术创新与基础条件建设。其拥有“空调设备及系统运行节能国家重点实验室”“国家节能环保制冷设备工程技术研究中心”“国家级工业设计中心”“国家认定企业技术中心”4大国家级科研平台和1个国家通报咨询中心研究评议基地，建有全球最大的空调研发中心，并已建成热平衡、噪声、可靠性、电器安全、电磁兼容等300多个专业实验室，相继通过CNAS、TUV、UL、CSA、VDE、ITS、SGS、BV、AHRI等多个权威机构认证认可，成为行业内规模最大、测试最齐全且获得国家、国际认可最多的实验中心。

该公司重视核心技术研发与创新项目实施。以科技创新为驱动，加强技术研发规划与布局，加快核心科技攻关，着力开展核心技术与新产品研发。坚定不移地走“自主创新、科技制胜、双效驱动、全球引领”的发展道路，以用户为中心，坚持技术创新，积极承担和参与各级科技计划项目，彰显公司强大的科研创新实力。累计取得国家技术发明奖、国家科技进步奖等重要科技奖励共99项。

该公司坚持强化知识产权保护及运用。作为国家知识产权示范企业和首批国家商标战略实施示范企业，截至2021年底，累计发明专利授权13 507件，成为中国首家发明专利授权破万件的家电企业。2021年，在国内外重要的发明奖励中取得丰硕成果，斩获中央空调行业发明专利第一金，获得中国专利奖金奖1项、银奖1项、优秀奖17项，获奖总数居企业首位；在日内瓦、纽伦堡国际发明展中，共获得金奖6项、银奖2项，向全球展示了格力创造的力量。

该公司积极引领行业标准走向世界，积极牵头或参与制定国际标准、国家标准等570余项。2021年，公司董事长兼总裁董明珠担任国际标准化组织制冷和空气调节技术委员会制冷压缩机的实验和评定分委会（ISO/TC86/SC4）主席。同年，公司牵头制定光伏国际标准提案 IEC TS63349 – 2《光伏直驱电器控制器　第 2 部分：运行模式和显示》获批发布，填补了光伏直驱电器控制器行业标准的空白，为光伏直驱电器的设计、检测、认证提供依据；参与美国、加拿大空调国家标准和 13 项家电国际标准的制修订，不断取得新突破和竞争新优势，成为首批国家级消费品标准化试点、国家节能标准化示范试点、国家高端装备制造业标准化试点。

该公司重视产学研合作创新机制建设。自 2019 年至今，已与清华大学、西安交通大学、上海交通大学、哈尔滨工业大学等 35 所高校与科研院所形成产学研合作，共同攻克产品的关键零部件研究等共性技术。在与行业机构、高校、科研院所、企业共同合作过程中，格力电器通过组建技术创新战略联盟，共同推进“关键技术—工程示范—效果监测—标准规范”全链条创新工作取得新突破；充分发挥应用基础与共性技术研究转化方面优势，与国内外高校、院所、企业建立战略合作，联合攻关关键科学问题，实现融通发展；与国家级科技创新基地开展密切交流与合作，推动建立协同发展的多方合作共赢。

该公司重视管理创新，建立了包括“按需投入、不设上限”“精准管控的质量控制机制”等创新管理机制，为科研创造良好的环境。在研发管理创新层面，打造技术管理创新平台，从技术导向、质量管控、创新工具应用等方面深入研究，促进科研数字化管理；通过制定各项管理办法，对项目产品全生命周期进行把控与管理，用制度保障科技活动的高效开展。在质量管理创新层面，秉承“追求完美质量，创立国际品牌，打造百年企业”的质量方针，以售后零缺陷为质量目标，创建并实施了“让世界爱上中国造”格力“完美质量”管理模式，2018 年荣获“中国质量奖”。2021 年 3 月格力电器提出家用空调“十年免费保修政策”，此举引领了国内空调服务标准的前进，是格力空调产品质量和售后服务超越国家标准的实力体现。

该公司坚持自主培养创新人才，形成以自主人才引进渠道、自主培养与发展机制、全方位激励保障体系为核心的人才自主培养模式，结合四级人才培养体系，为科技人才提供前沿技术学习资源，搭建平台、给予机会，让员工通过不断挑战自我，实现向高、精、尖领域专业化人才的转变。公司建立了包括“科技进步奖”“管理创新奖”“提案改善奖”等全员参与的多渠道创新激励机制，同时，还重视精神激励，设立先进团队、先进个人、创新标兵、格力希望之星、技能精英、工人先锋号等荣誉评选活动，通过多种方式激励员工发挥所长、提高创新热情。多年来，格力人才队伍不断壮大，人才结构持续升级。现拥有近 1.6 万名研发人员和 3 万多名技术工人，先后已获批建立博士后科研工作站和广东省博士工作站。

三、市场竞争力情况

该公司集研发、生产、销售、服务于一体，凭借卓越的产品品质、领先的技术水平引领中国制造，产品远销全球多个国家和地区。

目前，该公司根据不同产品的市场需求特征、区域生产要素禀赋差异等因素，在中国广东、重庆，以及巴西、巴基斯坦等地建有空调、生活电器、工业制品等 77 个生产制造基地，同时建有长沙、郑州、石家庄、芜湖、天津、珠海 6 个再生资源基地，形成了产业集聚和上下游产业链的高度协同、绿色可持续发展，保证了核心零部件的自主制造，并带动了当地经济的发展。

该公司以打造行业领先的供应链为目标，规划供应链管理与优化供应链资源，拓展上下游产业布局，与行业头部企业开展战略合作。以信息化推动供应链管理优化，通过大数据等技术实现物料相关的内外部质量信息的自动采集、分析、监控、推送等，推进物料质量持续提升。通过与合作伙伴间的相互提升，增强供应链的竞争力。

三十多年来，该公司坚定不移地推动科技创新、质量领先战略，取得了骄人的成绩。根据“产业在线”2021年度家用空调内销销量数据，格力空调以37.4%的份额排名行业第一，实现27年领跑。根据《暖通空调资讯》发布的数据，2021年格力中央空调是中国中央空调行业销售规模唯一超过200亿元的品牌，实现中央空调市场“十连冠”，其中在多联机中，格力以超20%的市场占有率稳居民族品牌首位。

2019—2021年，该公司已相继研发出“高效常温催化除醛技术”等11项“国际领先”的技术及产品，至此累计拥有35项“国际领先”技术成果。该公司以产品满足消费者需求为导向，坚持科技创新，不断加强技术研发规划与布局，在关键核心技术上不断实现突破，形成强大的技术储备，推进产品升级。其中具有代表性的科技成果包括：一是“零碳源”空调技术。格力电器联合清华大学共同研发出“零碳源”空调技术，该技术集成了先进蒸汽压缩制冷、光伏直驱、蒸发冷却及机械通风等技术，能高效利用太阳能和自然冷源（空气、水），根据室外气象条件智能选择蒸汽压缩制冷、蒸发冷却和通风三种模式中的一种或多种运行，为室内提供更节能、舒适的空气调节方案，从全球94个国家的2 100多个项目中脱颖而出，获“全球制冷技术创新大奖赛”最高奖。此次获奖标志着格力在空调零碳技术领域再获核心技术突破，为实现中国“双碳”战略目标和应对全球气候难题提供创新的中国制冷解决方案。二是光储空调直流化关键技术及应用。为提高系统新能源消纳，降低电网依赖性，格力电器攻克了光伏、储能等多能互补供需联动的光储空调直流化关键技术，使光储空调系统具备并离网运行及26种运行模式实时切换、模式瞬时切换可靠稳定的能力，并使能源信息智慧管理系统实现了能源的供需联动智能控制及信息化管理，为家居、工厂、社区、园区提供完整的发、储、用、管能源解决方案。技术成果达国际领先水平，已全面转化至冷量范围2.6kW~3 516kW的光储变频空调系列产品，应用于美国、沙特、西班牙、澳大利亚等全球25个国家和地区，服务于商业办公、地产住宅、工业生产及国防等8 000余项工程，荣获广东省技术发明奖一等奖。三是大容量高效离心式空调设备关键技术及应用。格力电器突破了离心机机械效率、气动效率、电机效率无法全面提升的瓶颈，解决了大容量高速直驱转子动力学失稳、气动全局高效、电机强度与热管理、变负荷变工况下控制鲁棒性等难题。项目成果应用于人民大会堂、毛主席纪念堂、港珠澳大桥、北京大兴国际机场、京东云数据中心等大型建筑，获发明专利69项（含日本、欧盟专利6项），制定国家、行业标准3项。获评“中国应对气候变化和低碳发展十大新闻”，并荣获国家技术发明奖二等奖。研究成果对占领暖通空调技术制高点、打破市场垄断、促进行业转型升级做出重要贡献，助力高端装备从中国制造向中国创造的转变。四是宽负荷全场景高效多联机关键技术及应用。项目组历经十年攻关，提出了压缩机柔性调容—多维度动态送风—全场景能效寻优的发明思路，发明了宽负荷高效压缩机柔性调容技术、多维度动态高效送风等多项技术，攻克了极宽负荷下多联机耗电量大、冷热空气难以快速均匀分布等国际重大技术难题，形成了宽负荷全场景高效多联机技术发明体系，研制出系列化多联机产品，并大规模推广应用。该项目研究成果荣获2020年中国机械工业技术发明一等奖，入选国家工业节能技术装备目录。已应用于毛主席纪念堂、钓鱼台国宾馆、港珠澳大桥等代表性工程，并出口至欧美及“一带一路”沿线国家，引领了世界高效多联机技术的发展。五是工业机器人用高性能伺服电机及驱动器。为打破交流伺服电机及控制器被日本、欧洲的垄断，缩小国产机器人伺服系统与国外品牌的差距，研发团队成功研发出工业机器人用高性能伺服电机及其驱动器，形成了无扣点式齿轭分离定子铁芯自粘结构及工艺技术、制动器和电机端盖一体化设计等多项独有的核心技术，已申请中国发明专利65件、国际PCT专利2件。项目已实现0.1kW～3kW伺服电机及驱动器批量生产，经中国机械工业联合会组织专家鉴定，该项成果达到国际先进水平，其中伺服电机功率密度、过载能力等性能指标达到国际领先水平。项目获2020年创新珠海科技进步奖特等奖。

案例 52
广东广天机电工业研究院有限公司

该公司主要从事机电产品、交通工具及相关领域的设计开发、科技成果转化、应用技术研究和工程设计等方面业务，研发能力师承日本本田技术。现与国内500多家高校、研究所、企业及16个国家和地区的相关单位开展广泛的业务合作。在行业内市场排名居华南地区第一，全国前五。

一、经营总体情况

该公司成立于2006年，经教育部科技发展中心批准，在广东省科技厅、江门市人民政府、蓬江区人民政府的大力支持下，由江门市科技局、蓬江区科技局根据区域机电产业发展的需要，结合本地区产业特点，携手天津大学、天津内燃机研究所等科研中心共同发起组建具有独立法人资格的企业。经营范围包括车辆工程研究，工业产品开发、设计，机械工程、动力工程技术服务，车辆模具快速成型制造。该公司主要从事机电产品、交通工具及相关领域的设计开发、科技成果转化、应用技术研究和工程设计等方面业务，并为政府主管部门、相关企业、行业协会等提供技术咨询及培训、人才集聚及培养、国际交流及科研合作等。

该公司师资雄厚，研发能力师承日本本田技术。现与国内500多家高校、研究所、企业及16个国家和地区的相关单位开展广泛的业务合作。先后与江门市大长江集团有限公司、广东建雅摩托车科技有限公司、江门长铃摩托车制造有限公司、广州五羊摩托车有限公司、江门市轻骑华南摩托车有限公司、江门市迪豪摩托车有限公司、江门市长华集团有限公司、广州雷利诺车业有限公司等超过100家合作企业开展与技术改造、新产品、新工艺有关的基础研究和产学研结合应用等全方位的产品设计技术服务业务，达成1 000多项项目的合作意向，设计新产品数量超200项，累计所获专利数超100项。2019年被认定为广东省高新技术企业；2019年入库服务券和科技创新券服务机构。2018—2021年均通过科技型中小企业评价。

二、创新驱动发展情况

该公司采用内引外联的合作方式，内部与总部天津内燃机研究所针对产品关键技术进行研究，成品设计协同创新等；外部积极与相关企业开展技术开发合作，目前已与江门市大长江集团有限公司、广东建雅摩托车科技有限公司、江门长铃摩托车制造有限公司、江门轻骑华南摩托车有限公司达成合作协议。2007 年 4 月，成为广东省第一批产学研示范基地；2015 年 10 月，成为广东省第一批新型研发机构，并顺利通过动态评估，有效期至 2020 年；2018 年该公司的“摩托车整车及部件结构设计服务”和“电动车车身部件设计服务”被评为广东省高新技术产品；2021 年获得“省级工业设计中心”称号。自 2018 年起研发投入逐步攀升，在营业收入中的占比超 20%。

该公司配备了先进的高端图形工作站及配套设备 40 多台（套），专业设计软件、高精度数控加工中心、进口光学式扫描仪等科研仪器辅以研发，并根据《研发设备管理制度》进行管理，以保证各个研发项目的顺利实施。

该公司制定了《研发项目立项管理制度》《研发投入财务核算制度》《研发准备金制度》《员工培训管理制度》《知识产权管理制度》《科技人才发展管理办法》和《研发人员绩效考核奖励制度》等管理制度，充分发挥了研发人员的积极性和创造性。该公司职工总人数为 36 人，管理人员在两轮车辆部件结构关键技术领域业绩突出，均为资深的行业领导者。从事研发和相关技术创新活动的科技人员有 23 人，约占总人数 63.89%，都具有科研类专业本科学历，其中，具有中级及以上职称的有 4 人，研发团队的专业性为企业开展各项研究开发工作提供了可靠的保障。

该公司制定了《知识产权管理制度》，规范了公司的知识产权管理流程，规避侵权风险，使公司充分享受知识产权带来的市场利益，增强市场竞争力；截至 2021 年获得了 39 项实用新型专利授权，获得 2 项发明专利授权。应用于公司掌握核心知识产权技术的“摩托车整车及部件结构设计服务”“电动车车身部件设计服务”两项高新技术服务中，具有领先的市场竞争力，是公司主要的利润来源。

该公司根据国家科技成果转化的相关法律法规，结合实际情况，制定了《科技成果转化管理制度》，从机制上确保技术创新能力，促进科技成果转化，激发研发人员的积极性和创造性。自 2018 年至 2021 年，通过自主研发方式产生各类技术成果共计30项，并成功实施转化，科技成果转化率高达94%。2018—2021年，高新技术服务收入占销售收入比例超80%。公司科技成果转化制度完善，科技成果转化能力强，有效提升了公司的市场竞争力。依托《技术合作管理制度》，积极与企业开展技术开发合作，加速了公司在创新成果转化和技术创新体系方面的建设。

三、市场竞争力情况

行业内尚无在摩托车设计领域像该公司这样具有一整套从效果图到样车试制验证再到试验的设计能力的公司。但在某一阶段领域，如整车效果图到油泥阶段，或者三维阶段，或者是样车试制阶段，与一般的设计公司都会形成竞争。在华南市场，该公司具有相当大的竞争优势。初步估算，该公司在行业内市场排名居华南地区第一，全国前五，市场占有率达到10%，主要代表产品如下：

序号	产品	相关情况
1	R40J新能源警用电动摩托车	国内首辆大功率电摩，针对公安警用车辆特殊要求而设计，额定功率24kW，续航里程120km，最高时速160km/h，配备满足结构、功能及可靠性的全新网状钢结构车架，满足使用习惯并能充分发挥车辆性能的三级六挡变速系，满足CFD空气动力学实验，是从底盘、外观、结构到量产实现全新设计的一款车型。公司研发团队负责此项目的科研工作。本车型已于2020年交付白云机场铁骑队使用。为国家节能减排、解决巡逻过程中出现的发动机过热问题提供了良好的解决方案。 公司研发团队为广州雷利诺车业有限公司设计研发的R40J新能源警用电动摩托车，单台销售价格19.8万元，目前出货500台，产生近亿元的产值，企业也因为这个产品获得风险投资4 000万元。可以说，通过这个产品，把雷利诺从一个只做通用产品的企业变成了有自身代表产品的企业，同时也获得了资本以及市场的肯定。

（续上表）

序号	产品	相关情况
2	光阳 CT250cc 燃油车	本车型获得 2019 中国摩托车年度车型评选燃油摩托车组十佳车型奖。本车型是全新研发的摩托车款，延续光阳大踏板的家族脸谱，从底盘、外观、结构、量产实现各方面严格把关。弥补了光阳在中排量踏板车款上的市场份额空缺。自 2019 年上市以来，已经销售过万辆，畅销全国 20 多个省、3 个直辖市、4 个自治区，售价 20 280 元，年产值 2 亿元，获得市场充分肯定。
3	建设香帅翔龙 500cc 巡航车	本车型采用单脊叉形管摇篮车架结构软连接设计，获得实用新型专利，车架的有限元分析后结果显示本专利软连接设计可以在车速达到极速情况下保持车身稳定，削弱振动。获得 2019 中国摩托车行业年度车型、2019 中国（江门）“市长杯”工业设计大赛产品组金奖、2020 广东省第十届“省长杯”工业设计大赛复赛综合类专项赛产品设计组三等奖等荣誉。 “香帅重机”——一个摩托车行业的新型品牌，在重庆摩博会广受关注。在重庆、江门两场发布会中收获 600 台订单，单台销售价格 27 800 元，产值 1 600 万元。预计每年销售 6 000 台左右，产值 1.6 亿元。

案例53
广东天地壹号食品研究院有限公司

天地壹号

该公司专业从事各种食品、饮料研究开发及技术服务咨询，是国内较早进入醋饮料行业的企业之一，是国内醋饮料的龙头企业，其掌握的果醋发酵关键技术，是国内先进的果醋发酵和果醋饮料生产技术，应用于天地壹号果醋饮料生产，对保持醋饮料品质稳定和提升生产效率、节约成本等方面均具有重要技术作用。

一、经营总体情况

该公司创立于2013年，是天地壹号饮料股份有限公司创办的一家专业从事各种食品、饮料研究开发及技术服务咨询的国家级高新技术企业，是国内较早进入醋饮料行业的企业之一，企业产量、销售收入、利税、利润等指标已连续多年位居全国醋饮料行业前列。

该公司以母公司主营醋饮料产品生产过程的核心工艺技术需求作为技术服务方向，近年来形成醋发酵工艺技术相关的高新技术服务三项，分别是高酸度苹果醋补料发酵技术、醋酸发酵扩培酸蒸技术、苹果酸－乳酸发酵苹果醋技术，主要应用于水果醋（苹果醋、菠萝醋、山楂醋等）发酵生产，对提高发酵效率、提升发酵果醋口感风味、节能降耗均具有明显的效果，并形成醋饮料生产相关的技术服务——高酸度苹果醋饮料主剂技术，对于醋饮料生产的核心技术管控具有关键作用，可使醋饮料生产实现快速配料生产、异地工厂统一备料配料，有效提升客户醋饮料生产的效率，提升客户不同分厂的产品口感风味一致性。

2019—2021年，营业收入分别为1 998万元、1 618万元、2 285万元，净利润分别为941万元、711万元、936万元，税收贡献分别为217万元、153万元、160万元。

自2016年起通过国家高新技术企业认定，连续四年完成科技型中小企业评价入库，以醋饮料龙头企业天地壹号为依托，目前处于快速成长时期。

二、创新驱动发展情况

该公司作为天地壹号饮料股份有限公司醋饮料产品技术输出最重要的子公司，拥有高水平的研发技术团队，科研人员均为食品工程、生物工程、食品质量与安全、发酵技术等理工科专业人员，大专以上学历的科研人员占职工总数50%以上。

2019—2021 年研发投入在营业收入中的占比分别为 17%、18%、19%。

该公司以院长为最高领导，负责组织实施机构组建工作；制订企业的中、长期技术发展规划，制订年度项目研究开发计划；确定研究开发项目、课题；检查、指导下属部门的研究开发等工作。部门设置基础研究部、应用部和综合管理部。基础研究部设新产品研发、新工艺开发、产品检测职能，负责新产品研发和新工艺开发相关工作；应用部设工艺验证、成果转化职能，负责开展新产品生产工艺验证，保障产品从实验室到生产的转化有效进行，促进新产品及时生产以及新工艺技术推广应用；综合管理部负责人力资源、后勤保障、采购、财务等内部管理工作。

该公司制定了《科研项目管理制度》，由院长进行项目确定与费用预算审批，规范项目立项、实施计划、项目内容、项目验收的管理流程和工作开展。该公司严格执行该制度，每个项目具有完整的立项、审批、验收文件，每个项目的预算和产生的费用均由财务人员按照《研发费用投入核算管理制度》进行项目经费会计核算，严格执行项目开支范围和开支标准。

该公司具有专业化和经验丰富的研发团队，为加强科技资源的储备与管理，采取了有效的措施，吸纳新的技术骨干，建立优秀的技术队伍，制定《成果转化管理及奖励制度》，使研发人员在每个项目阶段中能得到适当的奖励，从而加快推进研发项目开展进度，提高研究成果质量。同时提倡技术人员增强自我创新能力，还规定了公司的专利申报评审及奖励：发明专利获授权后，奖励发明人 12 000 元；实用新型专利获授权后，奖励发明人 4 000 元。这种成果奖励充分调动了全体职工尤其是科研人员的积极性和创造性，提高了公司的科研技术成果质量。

该公司自成立以来，重点开展与天地壹号饮料股份有限公司苹果醋饮料、山楂醋饮料、果汁饮料等畅销产品相关的果醋发酵技术、饮料生产技术、饮料新产品核心技术研究和服务，并以这些核心技术申请知识产权 16 项，其中 4 项发明专利（耐高温醋酸菌及其发酵生产醋酸的应用、一种醋酸发酵扩培酸蒸工艺及系统、一种高酸度苹果醋补料发酵工艺、一种具有辅助降血糖功能的复合果醋饮料及其制备方法）已获得授权并转化应用；8 项实用新型专利（一种用于饮料生产设备的洗罐槽清洗装置及饮料生产设备、投料混合装置、一种封盖机滚轮快速自动清洁消毒装置、一种发酵罐用的自动添加消泡剂装置和发酵罐、一种预防微生物交叉污染的混比装置、一种发酵罐用的堵头、一种溶碱罐、具有空转报警功能的果醋发酵罐装置）已获得授权并应用于果醋发酵生产。

该公司在提升自身的同时，还充分利用社会资源进行强强联合发展。加强产学研协同创新是提升创新能力的必然选择，公司特制定《产学研管理制度》，使产学研合作项目规范化运作、科学管理。根据技术发展需要，自行提出产学研合作课题，自 2018 年起，分别与仲恺农业工程学院轻工食品学院、华南农业大学食品学院建立全面的产学研合作关系，使科研成果更有效地转化为生产应用，不断提高企业的技术和管理水平。

三、市场竞争力情况

该公司作为技术服务型科技企业，主要业务集中在醋饮料生产所需的工艺技术上，上游主要是果汁生产、食品添加剂生产等食品工业行业，下游则是以果醋发酵、醋饮料、预包装食品等面对消费市场的快消食品制造行业。天地壹号是国内醋饮料的龙头企业，其醋饮料品质和销量在国内均是首屈一指。本公司掌握的果醋发酵关键技术，是国内先进的果醋发酵和果醋饮料生产技术，应用于天地壹号果醋饮料生产，对保持醋饮料品质稳定和提升生产效率、节约成本等方面均具有重要技术作用。2019—2021 年创造高新技术服务收入分别为 1 411 万元、1 119 万元、1 479 万元。

6 高技术服务领域

高技术服务业是现代服务业的重要内容和高端环节，技术含量和附加值高，创新性强，发展潜力大，辐射带动作用突出。2021 年，广东省高技术服务业营业收入增长 14.9%[①]。根据高新技术企业火炬统计，在全省 6 万多家高新技术企业中，高技术服务领域 0.58 万家，占比 9.5%，数量位居各技术领域第四位。

① 资料来源：《2021 年广东省国民经济和社会发展统计公报》。

案例 54
广东欣丰科技有限公司

RISING WELL

该公司主营产品包括数码印花、激光雕花、纳米口罩和纳米表面处理柔性纤维高新材料。2020 年 12 月通过了全球最为严格的生物安全性认证——瑞士 OEKO – TEX STANDARD100 的检测认证，这是国内首次有纳米防护口罩和面料同时通过该体系的认证，为行业树立了新标杆。

一、经营总体情况

该公司成立于2014年，是一家科技创新高新技术企业，坐落于广东省江门市开平市开元工业园区。公司主营的产品有数码印花、激光雕花、纳米口罩和纳米表面处理柔性纤维高新材料。

2018年6月，中国纺织工业联合会科技发展部专家组以“国际领先”这一最高级别完成了对该公司纳米表面处理柔性纤维高新材料技术的科技鉴定。2018年7月，在深圳参加由军科委、中科院和深圳市政府联合主办的首届“率先杯”未来技术创新大赛，项目荣获最高级别奖项——优胜奖。2019年12月，与广东粤港澳大湾区纳米创新研究院进行深度合作，共同研发纳米表面处理技术，开发柔性纤维纳米新材料。2019年7月获得广东省工程技术研究中心资质，2019年12月再次通过国家高新技术企业认定。2020年7月成功申报“广东省博士工作站”，在博士工作站的加持下，在站博士们共同研发防护口罩和纳米抗菌面料，于2020年12月通过了全球最为严格的生物安全性认证——瑞士OEKO－TEX STANDARD100的检测认证，这是国内首次有纳米防护口罩和面料同时通过该体系认证，为行业树立了新标杆。2021年8月，公司产品纳米防护抗菌口罩通过新国标GB2626—2019的检测，为生产出稳定而可靠的产品提供质量保证。

二、创新驱动发展情况

该公司有全职科技人员25人，其中博士2人、本科10人，EMBA、MBA学历各1人，与国家纳米科学中心、广东粤港澳大湾区国家纳米科技创新技术研究院及多家大专院校、科研机构建立产学研合作，持续研发满足市场需求的高新技术产品，提升技术研发的深广度。

该公司自主研发纳米表面处理技术和设备，拥有自主知识产权，并已基本完成中试，即将工业化大生产，其中纳米口罩已经投放市场。该技术是完全绿色无水无污染的织物着色赋能技术，解决了现有产业高水耗、高能耗、高污染等问题，符合我国“绿水青山”的新要求。产品将广泛应用于高端时装、智能穿戴、医疗和户外防护用品、家居纺织品和军工用品等领域。

该公司有一套成熟的制度机制，在研发项目制度建立方面较为明显，如知识产权奖励，发明专利奖励 3 000 元/件，实用新型专利奖励 1 000 元/件。同时对于人才引进，除了政府补贴之外，该公司也有相应的奖励机制。至 2020 年 6 月，该公司已自主投入 2 亿元研发费用，相关技术已申报国家专利 80 项，25 项已获授权，其中发明专利 8 项、实用新型专利 17 项。

三、市场竞争力情况

该公司的产品处于国内中上游水平，目前销售区域以中国内地、香港及欧美为主，公司主要的供应链合作伙伴有开平市富辉制衣厂、广州市增城华荔制衣厂、珠海江南纺织有限公司、北京麻世纪流行面料研发有限公司等。

案例 55
江门市尚逸家居用品有限公司

LIFE IDEAS
We create future

该公司专业设计、生产及出口健康防蚊产品及健康娱乐玩具，现有产品技术与同类产品相比具有明显的技术优势、质量优势和性价比优势，在市场上居于领先地位。主要合作的客户为沃尔玛、家乐福等国外大型连锁超市。

一、经营总体情况

该公司成立于2015年，是一家集生产、销售、研发于一体的综合性家纺生产厂家。该公司专业设计、生产及出口各种不同类型、功用的户内装饰性和户外旅行用蚊帐、帐篷等健康防蚊产品及健康娱乐玩具，产品以节能、环保为特色。产品远销日本、东南亚、欧美、澳大利亚等多个国家和地区，为客户提供具有竞争力、价格实惠的优质产品。

二、创新驱动发展情况

该公司于2015年成立了技术研发部，研发过程遵循ISO9001质量管理体系。为推动企业的技术进步，激发科技人员的积极性，建立了一整套工程技术研发管理制度，同步完善研发人员绩效考核制度，对于优秀人员给予奖励。公司根据每年的发展要求，制订科技开发费用计划，确保每年科技开发费用的投入合理，保证了各项科研工作的顺利进行。特成立研发事业部，有管理员工10人以上，专门负责公司开发性产品的测试、改良、运用安装等。

该公司将产品的研发和应用列为中长期的发展目标。针对人们生活水平和审美需求的提高，以及对产品节能、环保的需求，近两年来共立项了8个研发项目，对产品及工艺进行创新，并且100%转化为新产品。目前已经获得2项发明专利、10项以上实用新型专利及3项软件著作权。通过技术创新，为公司的可持续发展开拓了新道路。公司现有产品技术与同类产品相比具有明显的技术优势、质量优势和性价比优势，在市场上居于领先地位。企业依靠科技创新，保持了持续发展的动力和实力，进一步提高公司在国内外市场的核心竞争能力。

该公司以技术发展为主体、市场为导向、产学研相结合，致力发展成为集科技型、创新型、信息化和知识产权为一体的优秀企业。公司重视产学研结合的科技创新模式，以项目合作为纽带，加强与国内外大专院校、研究所的联系及沟通，进行项目的选题立项及研发合作，与权威机构紧密开展产学研活动，为公司立足于技术前沿开拓创新提供了有力的支持。

三、市场竞争力情况

该公司主营产品销售主要出口欧美、日本等国家和地区，2019 年度销售额为 5 000万元，2020 年受疫情影响，年度销售额也达到 4 300 万元。在国外儿童玩具市场占有重要位置；主要合作的国外客户为沃尔玛、家乐福等大型连锁超市，国内客户为知名进出口有限公司，国内长期合作的供应商有江浙、广东等地区的主要材料供应商。

资源与环境领域

资源和环境领域主要涉及自然资源的保护和合理利用，环境污染问题的改善和防治，进行环境工程建设、环境监测、污染防治等。2020 年，广东省环保产业营业收入达 3 600 亿元，第一次全国排名第一；2021 年营收 4 300 亿元，全国排名第一。此外，广东省环境服务业连续 6 年全国排第一①。根据高新技术企业火炬统计，在全省 6 万多家高新技术企业中，资源与环境领域企业 0.23 万家，占比 3.9%，数量规模有待提升。

① 资料来源：https：//baijiahao. baidu. com/s? id = 1749731309935803373&wfr = spider&for = pc。

案例 56

广东伟创科技开发有限公司

“

该公司主要从事环境治理、环境在线监测、环境检测（第三方检测）、污染治理设施运营等环境保护一系列服务。所有的产品主要为自主研发、生产、检验。其中，自主研发、生产了污染源在线监测需要的全系列监测仪器和监测系统平台，已获得环保部环境保护产品认证及计量器具生产许可证书。

”

一、经营总体情况

该公司成立于2006年，位于广东省江门市，是华南理工大学造纸与污染控制国家工程研究中心科技成果转化单位、华南理工大学产学研合作单位、广东环境保护工程职业学院实训基地、广东省高新技术企业、江门市现代信息服务业重点企业、江门市高新技术信息化10强企业、广东省环保产业协会理事单位。

公司主要从事环境治理、环境在线监测、环境检测（第三方检测）、污染治理设施运营等环境保护一系列服务。设有产品开发部、软件事业部、销售部、工程部、生产部、质控部、运维事业部等部门，并成立了广东青创环境检测有限公司，拥有北京、重庆、湖南、石家庄、珠海、佛山、中山、柳州等分公司，具有完善的市场开拓、技术开发、工程实施、质量管理和售后服务体系。

二、创新驱动发展情况

该公司自成立以来，把吸引人才、留住人才和发挥人才的作用作为重要工作来抓，已形成一个具有超前思维和较高专业知识水平的团队。公司现有员工40人，其中，本科生11人、大专生20人，从事研究开发人员20人，占职工总数的50%，初级职称4人、中级职称4人、高级职称1人。

2018—2020年，每年投入的研究开发费用总额占全年销售收入总额的6.16%以上，其中2018年研发费用76.33万元，占全年销售收入总额的6.16%；2019年研发费用为81.71万元，占全年销售收入总额的6.28%，2020年研发费用为86.52万元，占全年销售收入总额的6.92%，2018—2020年研发费用呈增长趋势。

该公司与日本早稻田大学、华南理工大学、五邑大学、广东环境保护工程职业学院等高校开展了广泛的产学研合作。公司一直重视知识产权的保护，其中有效发明专利5项、外观专利3项、在申请专利13项和软件著作权10多项。

该公司制定相应的研发管理制度，包括《研发人员绩效考核制度》《研发投入核算管理制度》《科技研发项目立项管理办法》《产学研合作的研发活动制度》《设备管理制度》，研发工作从立项开题到结案归档都有相应的严格规定，研发项目需经技术项目立项报告审批后才能进入研发流程，确保公司研发科技活动从立项、研发、管理、奖惩都有制度可依。

三、市场竞争力情况

在环境治理领域，该公司积极研发高新技术产品和先进工艺，自主研发了基于微生物降解机理的有机废气处理装置、“低温等离子 + 复合光催化”有机废气处理设备，在治理 VOCs 方面取得显著成果；引进了“芬顿 + 生物滤池”工艺处理垃圾填埋场渗沥液，实现了达标排放目标。该公司建立了一支集管理、研发、设计、制造、施工及调试运行于一体的专业技术团队，具备承接大型环境治理项目的经验和能力。

在环境监测领域，该公司自主研发、生产了污染源在线监测需要的全系列监测仪器和监测系统平台，包括 COD 自动监测仪、氨氮自动监测仪、重金属自动监测仪、烟气连续自动监测系统、VOCs 自动监测仪、pH 计、流量计、数据采集传输仪等在线监测仪器及污染源在线监测系统、大气环境质量监控系统、噪声在线监控系统、VOCs 在线监控系统等，均已获得环保部环境保护产品认证及计量器具生产许可证书。

在运营服务领域，该公司已在全国范围内开展了环境在线监测系统的第三方运营，充分利用公司环境在线监测系统的技术开发和深层次维护能力，保证运营的环境在线监测系统实现高标准的准确率、上传率及运行率。

在软件开发领域，该公司拥有一支技术力量雄厚的软件开发团队，自主研发了污染源在线监控系统、环境质量在线监控系统、污染源综合管理系统、地下水动态监测系统、机动车尾气排放监控系统、运营资质管理系统、环保行业协同办公系统、生产过程监控系统等，已经形成了一整套环保行业解决方案，广泛应用在广东、北京、重庆等省市。

该公司所有的产品主要为自主研发、生产、检验，为此，公司成立了生产检验中心，对配件和仪器的生产运用专业设备进行检测。目前公司已有气质联用仪、高压灭菌锅、水浴恒温振荡器、菌落计数器、漩涡振荡器、生物显微镜、热脱附仪、活化仪、便携式个体采样仪、吹扫捕集器等设备。中心内部实行质量管理，并有一整套科学、规范的质量保证体系和规章制度，为配件和仪器提供准确的分析测试报告，确保批量出厂的产品性能高、一致性好，为客户提供最大的质量保证。该公司生产的产品销往全国各地，在北京、重庆、湖南、石家庄、珠海、佛山、中山、柳州等地都有代理商。

案例 57
江门市三清环境技术工程有限公司

SANQING
Environmental

该公司从事工业废水处理、生态修复等工程技术工作，提供工艺设计、土建施工、设备安装与调试、运维等环境治理一条龙服务，已运作的优质工程达 500 多项，污水处理设备已攻克难题，国产化率实现 100%，一些关键核心技术已经不用受制于国外合作伙伴。

一、经营总体情况

该公司成立于2004年，从事工业废水处理、生态修复（农村环境整治，湖泊、河道、河流修复，流域治理，多样性自然生态湿地、生态湿地公园）、土壤修复、海绵城市体和深度水处理（零排放）、农业生态养殖尾水治理、市政公用工程等工程技术工作。已涉及城市污水处理提标、电镀、线路板、食品行业、制药行业、印染、医疗、制革、化工等各种工业污染治理与提标工程的工艺设计、非标设备制作、施工安装、调试运维等工程。该公司各项技术成熟，效果突出，在技术领域受到央企、国企的重视，与部分央企、国企已达成战略合作关系，每年的战略合作项目超亿元。连续多年获评高新技术企业，并获得废水、污染修复三项甲级资质，环保工程专业承包三级资质。根据公司的5年规划，于2023年启动上市工作，争取在2025—2026年在科创板成功上市。

二、创新驱动发展情况

该公司自成立以来，始终以“天清、地清、水更清”为使命，坚守初心，一直从事环保工作，积累了一定的客户和技术。该公司坚持以水环境综合治理为主、土壤修复为辅的海陆空共同发展方向，加大技术研发投入。在水环境治理方面，可以做到零排放和中水回用；在技术方面，主要是加强零排放和中水回用在更多行业的技术研究。

该公司非常重视技术研发，组建了以博士为技术总工的研发团队，目前科技研发人员在职工中的占比已达12%，研发经费的投入占营业收入的5.50%，研发经费的投入呈现逐年增加的趋势。公司建立了完善的研发机构，设置如下所示：

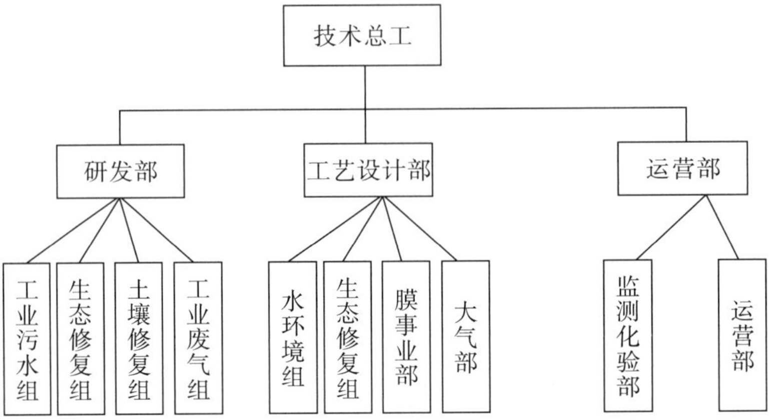

该公司重视产学研合作，与同济大学、五邑大学、广东工业大学、中山大学、生态环境部华南环境科学研究所、中华人民共和国航空航天工业部等高校、科研机构开展合作，合作研究的成果应用到了公司技术更新和工艺改造等实践中，并转化成专利。参与中国环境保护产业协会有机酸标准制定的工作，并进行研发与应用推广。已参与的江门市农村连片环境治理等项目是公司在产学研合作中取得的重大突破。

该公司建立了健全的各项管理制度，取得 T19001—2016 和 ISO9001 质量管理体系认证，并引进了合伙人制度。对在研发方面的贡献进行奖励，对研究形成知识产权的项目按知识产权对应的价值进行 2 000 ~ 50 000 元的奖励，对重点技术人才的引进给予多项补贴，并对有重大贡献的人员给予股权奖励。《研发费用管理制度》保障了公司研发经费的投入，《研发成果考核制度》调动了研发人员的积极性。该公司已取得并在有效期内的发明专利 2 项、外观专利 5 项、实用新型专利 29 项，另有十多项专利正在申请中。

三、市场竞争力情况

作为一家专业从事环境污染治理的科技型中小企业，业务主要分布在广东、广西、江西、山西、安徽、湖北等省区，在江门本地技术处于领先地位，是广东省水环境专业治理领域的骨干企业、副会长单位。公司提供工艺设计、土建施工、设备安装与调试、运维等环境治理一条龙服务，已运作的优质工程达500多项，污水处理设备已攻克难题，国产化率实现100%。公司的合作伙伴包括：中国能源建设集团、葛洲坝集团、中建水务、广业集团、融浩水务、北控集团、中电建、中交集团等。还有一批知名优秀企业与公司有合作关系，包括特一药业集团股份有限公司、台山市新宁制药有限公司、珠海市新兆丰智能科技股份有限公司、江门市明星纸业有限公司、江门佳泰电子有限公司、台山市精诚达电路有限公司、宁波绿茵电镀工业产业园等。参与了农村水环境建设与保护工作，针对农村水污染源的复杂多样性进行技术研究，开发出经济、高效及占地少、吊装安装方便、运行费用低的一体化设备。目前已参与开平、广西和江西等地1 000多个村的水污染环境建设工程。

案例 58
江门市资迪科技环保有限公司

三元催化

该公司从事摩托车、汽车等尾气催化净化器及后处理系统、工业废气催化净化器及系统的开发、生产、加工及销售；摩托车性能及工况的技术检测（不含认证）、技术咨询、技术服务；汽车与摩托车零配件加工、销售。目前主要投入DPF项目设备的更新，已经获得美国EPA认证。

一、经营总体情况

该公司成立于2008年，从事的业务范围、经营范围包括摩托车尾气催化净化器、汽车尾气催化净化器、通机排气催化净化器、其他燃油燃气发动机尾气催化净化器及后处理系统、工业废气催化净化器及系统的开发、生产、加工及销售；摩托车性能及工况的技术检测（不含认证）、技术咨询、技术服务；汽车与摩托车零配件加工、销售。公司属于高新技术企业、规上企业。

二、创新驱动发展情况

目前公司主要投入DPF项目设备的更新，新购了燃气烘干炉，将持续进行投资，拓展市场。公司瞄准美国市场，经调研后获知美国是以卡车运输为主的国家，每两年卡车DPF都需要更换，每年更换数量达10万个，存在较大的市场需求。目前公司已经获得美国EPA认证。通过培训、理解、认知、强力推进、检查监督、考评奖惩，以管理为主题，以人力资源为主要内容，以规范准则为载体，解决企业的能力和效力问题。公司严格推行IATF16949质量管理体系制度。

三、市场竞争力情况

公司产品具有完全自主知识产权，并与清华大学深圳研究生院密切合作，共同开展微孔催化等方面的研究，确保公司核心技术具有强大竞争力。公司的“汽油机尾气净化转化器研制及产业化”技术成果曾获江门市科学技术奖三等奖。

8 航空航天领域

航空指载人或不载人的飞行器在地球大气层中的航行活动；航天指载人或不载人的航天器在地球大气层之外的航行活动，又称空间飞行或宇宙航行。航空航天是人类拓展大气层和宇宙空间的产物。经过百余年的快速发展，航空航天已经成为21世纪最活跃和最有影响的科学技术领域之一，该领域取得的重大成就标志着人类文明的最新发展，也表征着一个国家科学技术的先进水平。广东省将支持广州、深圳、珠海建立广东省航空产业创新平台，打造航空产业发展先行示范区；将支持珠海航空产业园建设，推动水陆两用飞机批量生产；将支持汕头、佛山、阳江、揭阳、惠州、云浮等市延伸发展航空装备产业链[①]。

① 资料来源：《广东省制造业高质量发展“十四五”规划》。

案例 59
广东纳睿雷达科技股份有限公司

Naruida
纳睿雷达

该公司掌握自主知识产权全极化多功能有源相控阵雷达关键核心技术并实现了产业化，是全球为数不多掌握整条雷达数据服务全价值链系统解决方案提供商。雷达产品突破了军用先进相控阵雷达技术在民用领域推广应用的技术壁垒和成本瓶颈，成功研制出一体化全极化相控阵天气雷达。该产品自主知识产权、核心部件、材料等国产化占比 90% 以上，总体技术在气象雷达领域达到国际先进水平。

一、经营总体情况

该公司成立于2014年，是国内掌握自主知识产权全极化多功能有源相控阵雷达关键核心技术并实现了产业化的高新技术企业，也是全球为数不多掌握从微带贴片阵列天线、射频前端、数字中频后端、信号处理、数据融合到雷达数据产品开发等相控阵雷达设计制造、雷达软件生态和雷达数据服务全价值链系统解决方案提供商。凭借着技术的创新性和广阔的发展前景，企业获评高新技术企业、最具成长潜力的留学人员创业企业（全国14强）、首届科创中国·新锐科技企业（全国100强）、广东省高成长中小企业，并获得全国创新创业大赛省和市第一名的荣誉。2019—2021年公司实现营业收入分别为10 495.71万元、13 128.74万元、18 303.31万元，营业收入复合增长率为32.06%。

该公司雷达产品突破了军用先进相控阵雷达技术在民用领域推广应用的技术壁垒和成本瓶颈，致力于解决“尺度小、生消快、致灾性强的低空快速变化危害气象目标探测”和“低空慢小飞行目标探测及海面目标探测”的两大世界性难题，将广泛应用在气象探测、水利防洪、民用航空、海洋监测、森林防灾、公共安全等多个领域。公司在粤港澳大湾区组建了国内首个超高时空分辨率的全极化有源相控阵雷达天气观测网，并已经纳入《粤港澳大湾区气象发展规划（2020—2035年）》。

二、创新驱动发展情况

该公司致力于全极化多功能有源相控阵雷达的研制与产业化，已由几人的初创团队成长为超百人的集研发、生产、服务一体化的高精尖团队，其中科研技术人员占比近50%。建立了广东省相控阵雷达工程技术研究中心、广东省企业技术中心、广东省工业设计中心以及广东省博士工作站及博士后科研工作站分站等创新研发机构。2019—2021年，公司研发费用分别为2 205.50万元、2 289.54万元及3 180.43 万元，研发费用占当期营业收入的比例分别为 21.01%、17.44%及 17.38%。

公司核心管理团队在雷达制造行业深耕近二十年，核心团队成员均为来自国际雷达巨头、世界 500 强以及加拿大国家重点实验室的资深工程师及管理人员，管理经验丰富，专业领域覆盖了从雷达天线、射频前端到数字中频、信号处理等整条雷达产业链。公司凭借雄厚的科研实力和前沿的研究方向，承担各级政府多项科研项目。

在快速发展过程中，公司不断建设完善管理制度，制定标准化的工作流程，明确职责，加强管理，现已通过 ISO9001 质量管理体系认证、知识产权管理体系认证、信息安全管理体系认证等多个体系认证，全方位保障企业研发及生产工作的开展，企业发展迅速，成长性显著。截至 2021 年 12 月 31 日，该公司共获得 84 项专利（含境外专利 2 项），其中 21 项发明专利；获得软件著作权 18 项；截至 2021 年 12 月末，公司拥有 80 名研发人员，占员工总数比例为 48.78%，本科及以上学历员工占比 70% 以上。从 2020 年起，公司积极开展产学研合作，多次与英国斯旺西大学进行技术交流；与福建省福州市气象局合作共建相控阵天气雷达应用技术创新中心；与中山大学共建南方海洋科学与工程广东省实验室（珠海）；与珠海海事局合作共建全极化相控阵交通管制雷达应用联合创新中心；与海峡气象开放实验室、南京大学中尺度灾害性天气教育部重点实验室合作打造政产学研用的强强联合体。未来，企业将继续加大研发和制造投入力度，壮大人才队伍，丰富相控阵雷达系列产品，致力打造一个集先进雷达技术研发创新、新产品孵化、合作交流、智能制造于一体的雷达科技产业综合体，使纳睿雷达成为国际领先、国内一流的雷达科技产业集团。

三、市场竞争力情况

国内外著名雷达制造企业如美国雷神公司、法国泰雷兹集团（Thales）、瑞典绅宝汽车公司（SAAB）处于行业的领先地位，但其相控阵雷达技术因价格昂贵无法实现大规模民事应用。该公司创造性地将有源相控阵雷达技术及全极化技术相结合，研发出了集多种功能于一体的高时空分辨率全极化有源相控阵雷达，成功实现了产业化并应用到天气探测、岸海监视及民用航空等领域，全方位解决了气象、海事、三防、航空等部门在全尺度范围、快变天气观测与预警、缉私打私、海况监测所面临的各种问题。

目前，该公司主要目标客户是气象部门，并逐步在水利监测部门、民用航空部门、海洋监测等部门机构进行产业化推广，如与水利部信息中心合作，提供7台雷达用于水文预测研究，为防洪减灾保驾护航。厦门空管局气象台启用公司产品进行在空中交通管理方面的安全价值、经济效益科学实验研究。通过公司产品的精准预测，使飞机起落能规避雷暴等恶劣天气，大大增强了航空安全性，节约了备降成本和空中等待成本，发挥了很大的经济效应。针对山西吕梁地区提供冰雹预报预警服务，提供精准农业气象保障服务等。事实证明，纳睿雷达产品不仅得到了行业专家、世界顶级权威的肯定与高度评价，也受到用户的高度肯定，目前已成功在西藏、四川、山西、重庆、香港等全国14个省区市布设近70部雷达投入业务运行。

企业核心技术研发团队在短短两年内突破了军用相控阵雷达技术在民用天气探测领域内应用的技术壁垒和成本瓶颈，成功研制出一体化全极化相控阵天气雷达，得到世界天气雷达领域泰斗 Dusan Zrnic 院士的充分肯定和高度赞赏。该公司核心产品 X 波段双极化（双偏振）有源相控阵天气雷达系统已通过中国雷达行业协会的科学技术成果权威鉴定。鉴定结果证明，该雷达系统在双极化微带贴片阵列天线、双极化气象数据处理技术等方面取得了重要技术创新，拥有多项自主知识产权，项目核心部件、材料等国产占比90%以上，核心技术自主可控，总体技术在气象雷达领域达到国际先进水平。

2018年末，该公司创新产品实现产业化并率先在天气探测领域销售，销售网络以珠三角为中心，开始向全国范围辐射。在X波段双偏振相控阵天气雷达的细分领域，具有突出的技术优势以及应用推广经验，市场占有率遥遥领先。目前已在全国十几个省区市布设近70部雷达，经济效益和社会效益十分显著。

该公司已与珠海海事局开展合作，自主研发的全极化数字有源相控阵岸海监视雷达系统在珠海唐家湾淇澳岛成功完成运行测试，可实时记录海域及海洋情况，及时发现海面船只航行状况并进行跟踪识别，可应用于缉私、港口导航、海况监测、海难救援等场景，未来发展潜力巨大。产品现已开展民用航空领域的服务应用，在厦门部署了3台X波段有源相控阵雷达，针对X波段有源相控阵雷达的精细化探测能力和预警预报能力进行了系统的科学试验研究，探测范围覆盖中国民用航空厦门空中交通管理站所辖机场。试验结果表明，在安全价值方面，纳睿雷达提供相控阵雷达产品的时间分辨率为1分钟，空间分辨率为30米，可为预报员进行航空服务提供有利的决策支持，将雷雨预警的准确率由小时级别提高至10分钟级别，在空中交通管理应用方面具有很高的安全价值和经济价值。